Inserción Laboral y Técnicas de Búsqueda de Empleo. FCOO01

Francisco Javier Ojeda Baena

Miguel Ángel Sánchez Maza

ic editorial

Inserción Laboral y Técnicas de Búsqueda de Empleo. FCOO01
© Francisco Javier Ojeda Baena
© Miguel Ángel Sánchez Maza

1ª Edición

© IC Editorial, 2024

Editado por: IC Editorial
c/ Cueva de Viera, 2, Local 3
Centro Negocios CADI
29200 Antequera (Málaga)
Teléfono: 952 70 60 04
Fax: 952 84 55 03
Correo electrónico: iceditorial@iceditorial.com
Internet: www.iceditorial.com

ISBN: 978-84-1184-527-4
Depósito Legal: MA 3044-2024

Impresión: PODiPrint
Impreso en Andalucía – España

Nota de la editorial: IC Editorial pertenece a Innovación y Cualificación S. L.

Especialidad formativa

Se entiende por especialidad formativa la agrupación de contenidos, competencias profesionales y especificaciones técnicas que responde a un conjunto de actividades de trabajo enmarcadas en una fase del proceso de producción y con funciones afines.

Las especialidades formativas de Uso General, Formación Complementaria, Formación Modular y las especialidades formativas dirigidas a la obtención de certificados de profesionalidad se incluyen en el Fichero de Especialidades del Servicio Público de Empleo Estatal para su gestión en todo el territorio nacional por cualquier Administración competente.

Las especialidades complementarias, pertenecen todas a la Familia profesional de Formación Complementaria (FCO) y tienen la consideración de formación transversal en áreas que se consideran prioritarias tanto en el marco de la Estrategia Europea para el Empleo y del Sistema Nacional de Empleo como en las directrices establecidas por la Unión Europea. Se consideran áreas prioritarias las relativas a tecnologías de la información y la comunicación, la prevención de riesgos laborales, la sensibilización en medio ambiente, la promoción de la igualdad, la orientación profesional y aquellas otras que se establezcan por la Administración competente.

Las especialidades de Certificado de profesionalidad tienen una duración especificada en su normativa reguladora.

En el resultado de la búsqueda, se muestran las unidades de competencia, todos los módulos formativos con su duración y las unidades formativas del certificado correspondiente, con su duración. Las horas del certificado, exclusivo de las especialidades de certificado de profesionalidad, con alta igual o superior a 2008, son las horas totales más las horas del módulo de Prácticas Profesionales no Laborales.

- ➲ **Si la especialidad tiene unidades formativas,** las horas totales, presencial, distancia, teleformación serán igual a la suma de esas horas de las unidades formativas de los distintos módulos, sin que se repita ninguna Unidad formativa.

◆ **Si la especialidad no tiene unidades formativas,** las horas totales, presencial, distancia, teleformación serán igual a las sumas de esas horas de los módulos formativos, eliminando las horas de los módulos repetidos.

https://sede.sepe.gob.es/especialidadesformativas/RXBuscadorEFRED/BusquedaEspecialidades.do

(Fuente: Servicio Público de Empleo Estatal)

Índice

Unidad de aprendizaje 1
Empleabilidad

1. Introducción   11
2. Caracterización del mercado de trabajo actual: concepto,
   estructura y tendencias   12
3. Identificación de perfiles profesionales   17
4. Descripción de actitudes y elementos motivacionales
   en la empleabilidad   23
5. Resumen   30
   Ejercicios de autoevaluación   31

Unidad de aprendizaje 2
Técnicas de búsqueda de empleo

1. Introducción   35
2. Identificación de los requisitos de la oferta de trabajo:
   empresa y puesto ofertado   35
3. Elaboración del Curriculum Vitae (CV)   38
4. Simulación de un proceso de selección   46
5. Resumen   58
   Ejercicios de autoevaluación   61

Unidad de aprendizaje 3
Normativa básica laboral

1. Introducción   65
2. Conocimientos básicos de derecho laboral   65
3. Resumen   81
   Ejercicios de autoevaluación   83

Glosario   85

Bibliografía   89

OBJETIVOS GENERALES

Los objetivos generales del **FCOO01. Inserción laboral y técnicas de búsqueda de empleo,** son los siguientes:

➲ Identificar la situación del mercado de trabajo actual, así como las herramientas y estrategias existentes para realizar una búsqueda de empleo eficiente y afrontar una entrevista de trabajo con éxito.

➲ Determinar el grado de empleabilidad personal, identificando las características del mercado de trabajo y el perfil profesional y personal del trabajador/a.

➲ Utilizar las diversas herramientas y estrategias existentes para realizar una búsqueda de empleo eficiente y afrontar una entrevista de trabajo con éxito.

➲ Reconocer los aspectos legales básicos de la relación laboral, identificando los derechos y obligaciones de las personas trabajadoras.

Empleabilidad

Contenido

1. Introducción
2. Caracterización del mercado de trabajo actual: concepto, estructura y tendencias
3. Identificación de perfiles profesionales
4. Descripción de actitudes y elementos motivacionales en la empleabilidad
5. Resumen

Objetivos

El objetivo general de esta Unidad de Aprendizaje es:

→ Determinar el grado de empleabilidad personal, identificando las características del mercado de trabajo y el perfil profesional y personal del trabajador/a.

Los objetivos específicos de esta Unidad de Aprendizaje son:

→ Analizar las particularidades y características del mercado de trabajo actual.

→ Identificar los perfiles profesionales.

→ Definir las habilidades personales y las competencias profesionales necesarias para el desempeño de una profesión.

→ Tomar conciencia sobre la importancia de la actitud y la motivación personal en el desarrollo de la empleabilidad.

1. Introducción

La empleabilidad hace referencia a la mayor o menor probabilidad de encontrar un empleo, relacionado con el perfil y el objetivo profesional de la persona demandante que se encuentra buscándolo.

La **Ley 3/2023, de 28 de febrero, de Empleo,** hace referencia, en su desarrollo, casi 100 veces a la palabra empleabilidad. En su artículo 3, define la empleabilidad de la siguiente forma: *"Conjunto de competencias y cualificaciones transferibles que refuerzan la capacidad de las personas para aprovechar las oportunidades de educación y formación que se les presenten con miras a encontrar y conservar un trabajo decente, progresar profesionalmente y adaptarse a la evolución de la tecnología y de las condiciones del mercado de trabajo".*

Es decir, la empleabilidad puede ser entendida como la capacidad que tiene una persona de encontrar un puesto de trabajo, mantenerse en él, adaptarse a los cambios del mercado laboral y reorientarse hacia otro ámbito profesional en caso de pérdida del empleo.

Una persona que tiene una formación, una experiencia profesional y es capaz de trasmitir todo ello de forma correcta en el mercado de trabajo se caracteriza por ser **empleable**.

En definitiva estar empleado es tener un trabajo, pero tener empleabilidad significa **tener las capacidades necesarias para buscar un trabajo, estar ocupado y progresar profesionalmente.**

La empleabilidad es una competencia personal de cada trabajador, pero deben vincularse a ella todos los agentes sociales del ámbito educativo y laboral. En concreto el contexto social influye directamente en la empleabilidad, dejando efectos importantes sobre ella aspectos como la crisis económica, el desempleo y la globalización.

La empleabilidad está conectada con las expectativas que cada trabajador tiene sobre su trayectoria profesional y sobre lo que desea conseguir laboralmente.

2. Caracterización del mercado de trabajo actual: concepto, estructura y tendencias

El mercado de trabajo es el lugar donde podemos encontrar **tanto oferta como demanda de empleo.**

 **DEFINICIÓN**

Mercado de trabajo

Lugar donde se produce la relación entre las personas que buscan trabajo remunerado por cuenta ajena (demanda) y las empresas o empleadores que ofrecen un trabajo (oferta).

El buen funcionamiento del mercado de trabajo es importante para cualquier país, ya que de ello va a depender el **crecimiento económico** del mismo y el **nivel de empleo de la población.**

La **demanda de trabajo** está formada por el conjunto de personas que están dispuestas a trabajar y depende principalmente de las siguientes variables:

- Salario.
- Volumen de población activa (personas en edad de trabajar que buscan trabajo).

La **oferta de trabajo** está formada por el conjunto de empresas o empresarios que contratan a los trabajadores y depende principalmente de las siguientes variables:

- Salario.
- Productividad de los trabajadores.
- Beneficios de la empresa.

SABÍAS QUE...

También puede entenderse el mercado de trabajo como el lugar en el que se ofrece y se demanda trabajo. Desde esta perspectiva se puede entender que los trabajadores forman parte de la oferta de trabajo (ofrecen su trabajo) y las empresas de la demanda de trabajo, ya que necesitan (demandan) trabajadores para poder desarrollar su actividad.

Es decir, el mercado de trabajo tiene una doble vertiente dependiendo del prisma con el que se analice.

En definitiva, en el mercado de trabajo **interactúan los empleadores o empresas** (oferentes de empleo o demandantes de trabajo) **y las personas que buscan trabajo;** la relación entre ambas partes dará lugar al salario y al número de trabajadores contratados.

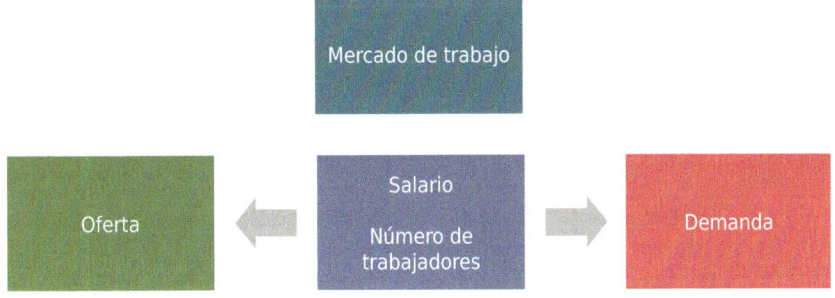

En el mercado de trabajo podemos encontrar dos elementos principales que conforman su estructura:

Población activa	Población inactiva
- Población ocupada (personas trabajando). - Población parada o desempleada.	- Personas en edad de trabajar que no pueden o no quieren hacerlo (jubilados, estudiantes, personas que se ocupan de su hogar, incapacitados para trabajar, pensionistas...).

El mercado de trabajo funciona de forma compleja y es el **salario** la variable principal, ya que influye tanto en la demanda como en la oferta.

NOTA

Las empresas o empresarios pagarán un salario en función de la productividad que aporten sus trabajadores y del margen de beneficios que quieran obtener; los trabajadores, a su vez, rendirán en mayor o menor medida, dependiendo del salario recibido.

2.1. Cambios en el mercado laboral

El mercado de trabajo no es algo estático, está en **continua evolución** adaptándose a los cambios sociales, a los ciclos económicos y a la incorporación de las tecnologías en el trabajo.

SABÍAS QUE...

Tradicionalmente las personas trabajadoras desempeñaban el mismo puesto de trabajo en una empresa durante toda su vida laboral, teniendo un contrato fijo y unas condiciones previamente establecidas.

En los últimos años, el mercado laboral está cambiando, ya que las relaciones laborales entre trabajadores y empresa son diferentes; se demandan perfiles con alto nivel profesional que sean capaces de **adaptarse a los cambios de la empresa** y está aumentando la rotación de los trabajadores, siendo el cambio de empleo algo normal.

En este sentido, es importante destacar que hay multitud de factores que afectan a que el mercado de trabajo esté cambiando y existan nuevas tendencias en las relaciones laborales.

Globalización

Con la globalización se está igualando la forma de actuar y la legislación en el mercado laboral a escala mundial. Esto propicia la **movilización de las empresas y del talento a nivel internacional.**

Mayor profesionalidad

Cada vez se exigirá un **nivel de cualificación mayor** para ocupar un puesto de trabajo, esto implica mayor competencia laboral, ya que las empresas podrán elegir a la persona que consideren mejor preparada.

Flexibilidad

Cada vez será más frecuente cambiar de empresa, de puesto de trabajo o de funciones laborales. Se tiende a **eliminar el empleo para toda la vida** y será habitual trabajar en varias empresas a lo largo de la vida laboral.

Además, será usual trabajar en otros entornos diferentes a la oficina, propiciando una mayor movilidad empresarial.

También habrá una mayor **flexibilidad en el horario** de trabajo, permitiendo conciliar la vida laboral con la personal, y se tenderá a flexibilizar el entorno de trabajo, pudiendo trabajar desde cualquier lugar o parte del mundo.

Avances tecnológicos

Los cambios en las tecnologías afectan a las empresas, que deben adaptar la forma de trabajar a los avances tecnológicos, por lo que necesitarán contar con personal altamente cualificado para así aumentar la productividad.

Aparecen y aparecerán nuevas profesiones debido a la **evolución de las tecnologías y a los nuevos avances científicos.**

Cambios sociales y demográficos

La población está envejeciendo, por lo que habrá menos gente para trabajar. Además, influirán en el mercado de trabajo aspectos como el crecimiento de las ciudades, los cambios en la educación, la evolución de la economía y la escasez de recursos naturales.

NOTA

Actualmente, el mercado de trabajo se caracteriza por una situación de desequilibrio, ya que hay más demanda de empleo que oferta y se concibe como algo dinámico y cambiante (nuevas profesiones, nuevos valores y nuevas relaciones laborales).

- -

En definitiva, la sociedad está cambiando y como tal las **tendencias del mercado laboral** en los próximos años estarán caracterizadas por los siguientes aspectos:

- Auge de **profesiones más técnicas,** basadas en las Tecnologías de la Información y la Comunicación.
- Oficina virtual, que permitirá que muchos trabajadores desempeñen sus funciones desde cualquier lugar sin necesidad de acudir al puesto de trabajo, es el conocido **empleado 3.0.**
- **Identidad digital,** es decir, utilizar las redes sociales para buscar trabajo y obtener un empleo.
- Motivación y gestión del talento. Será necesario **trasmitir confianza** a los trabajadores y preocuparse por ellos, así se conseguirá una mayor productividad. Además, se deben ofrecer mejoras a los trabajadores, para así retener a los mejores profesionales evitando que se vayan a la competencia y propiciar que **desarrollen su máximo potencial.**
- El trabajo pasará de tener una tendencia individualista al **trabajo en grupo.**
- Las mujeres irán adquiriendo cada vez más representación en puestos de alta dirección y responsabilidad, lo que permitirá que se **reduzca la brecha y las diferencias entre géneros.**
- El salario tendrá un carácter más emocional, ya que no solo estará vinculado a cuestiones económicas, sino a factores relacionados con el **bienestar profesional, la conciliación familiar o el desarrollo profesional.**

SABÍAS QUE...

En los últimos 40 años el mercado de trabajo ha experimentado cambios importantes. Tradicionalmente los sectores de la economía eran tres: primario, secundario y terciario, pero esta clasificación ya ha quedado antigua.

Continúa en página siguiente >>

<< Viene de página anterior

Los nuevos sectores hacia donde tiende el mercado laboral son:

- El sector tecnológico (I+D+i), donde se desarrollan nuevas oportunidades de negocio como la biotecnología o el *e-commerce.*
- El sector turismo y el ocio.
- El sector vinculado a la salud y el bienestar.
- El sector energético, surgiendo energías alternativas, como las renovables.

 ACTIVIDAD COMPLEMENTARIA

1. Desde el punto de vista de la empleabilidad y de la orientación laboral, es importante localizar recursos que permitan conocer la realidad del mercado de trabajo en España, ¿qué recursos se pueden utilizar para tal fin? Busca en internet, al menos, tres recursos, organismos o instituciones que faciliten información sobre el conocimiento del mercado de trabajo español.

3. Identificación de perfiles profesionales

Un perfil profesional consiste en una descripción detallada de los conocimientos, las habilidades y las actitudes necesarias para el desempeño de un puesto de trabajo concreto, analizando a rasgos generales la experiencia laboral necesaria, la formación y, en definitiva, las habilidades personales y las competencias profesionales.

Cuando se busca un trabajo, es necesario conocer la **situación del mercado laboral** de la zona en la que se quiere encontrar una ocupación, para así poder tomar decisiones y fijar un objetivo profesional.

Por lo tanto, será necesario identificar si se va a buscar un trabajo a nivel local, nacional o internacional, dependiendo de las necesidades del trabajador, de su disponibilidad y su movilidad.

IMPORTANTE

Cuando se busca un trabajo es necesario conocer las características del mercado laboral, por ello es fundamental tener información sobre las ocupaciones en auge o de nueva aparición en la zona de búsqueda de empleo y los perfiles profesionales más demandados por las empresas.

3.1. Competencias profesionales y criterios de ejecución

La **ocupación** engloba al conjunto de obligaciones, funciones o tareas que realiza una persona en su puesto de trabajo o en el desempeño de un oficio. Es una actividad profesional encaminada a **satisfacer un puesto de trabajo,** donde se requiere una formación específica, unos conocimientos concretos, unas capacidades y unas experiencias.

Lo que una persona conoce o la información que posee gracias a su trayectoria formativa y a su experiencia laboral está relacionado con su ocupación laboral o su perfil profesional.

DEFINICIÓN

Perfil profesional
Hace referencia al conjunto de competencias y capacidades que tiene una persona para poder desempeñar las funciones y tareas de un puesto de trabajo.

A continuación se citan los **elementos que componen un perfil profesional:**

Cuando se habla de perfil profesional se hace referencia al **conjunto de competencias que aporta una persona a un puesto de trabajo,** es decir, aquellos conocimientos que tiene una persona para poder desempeñar su puesto de trabajo.

DEFINICIÓN

Competencias profesionales
Conjunto de conocimientos, habilidades, aptitudes, actitudes y motivaciones requeridos para desempeñar una actividad profesional.

- -

Cada vez es más frecuente que en la búsqueda de profesionales los Departamentos de Recursos Humanos utilicen el **modelo de gestión por competencias.** Esto significa que la selección del personal se basará en buscar profesionales que se adapten a las competencias que quiere la empresa.

En definitiva, una competencia profesional engloba los siguientes aspectos:

Conocimientos	Habilidades o destrezas	Actitudes
- Formación (nivel de estudios alcanzado, cursos, seminarios, formación complementaria, conocimientos adquiridos mediante actividades prácticas, idiomas, etc.) e información adquirida a través de la experiencia.	- Relación de cosas que la persona sabe hacer (habilidades artísticas, sociales, de liderazgo, manuales, matemáticas, mecánicas, musicales, didácticas o físicas) y pueden ser necesarias para el desarrollo de una profesión.	- Valores, normas o sentimientos que tiene una persona.

Cuando una persona busca empleo debe tener claras cuáles son sus **competencias profesionales** para así poder general su **perfil profesional.**

Además, será necesario buscar información adecuada que permita identificar los perfiles profesionales que requieren las empresas para cubrir los puestos de trabajo disponibles en el mercado laboral. Las **fuentes de información** más relevantes que ayudarán a conocer los puestos de trabajo más demandados y las competencias necesarias para desempeñarlos serán:

- Las Guías Profesionales, donde se describen los requisitos necesarios y las funciones a desempeñar.
- Guías de Empresas que ofrecen empleo.
- Colegios Profesionales.
- Información de personas que ocupan un puesto de características similares.
- Tablones de anuncios de los Departamentos de Recursos Humanos de las empresas, donde se describa el perfil del puesto necesario.
- Convocatorias Públicas de Empleo en las que aparecen los requisitos necesarios para poder acceder a los puestos de trabajo ofertados.
- Anuncios en el periódico o revistas especializadas sobre el mercado de trabajo.
- Oficinas del SEPE, ya que conocen las profesiones más demandadas.

Para que una persona pueda elaborar un perfil profesional completo deberá recoger toda la información necesaria sobre el puesto de trabajo, teniendo en cuenta:

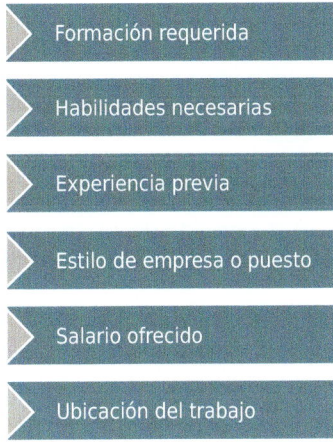

Formación requerida

Habilidades necesarias

Experiencia previa

Estilo de empresa o puesto

Salario ofrecido

Ubicación del trabajo

3.2. Habilidades profesionales y personales con relación al puesto de trabajo

Cuando se busca un trabajo es importante que cada persona **analice su perfil personal y profesional** para ver hacia dónde debe dirigirse y, además, debe tener en cuenta que según el puesto de trabajo que busque, o al que aspire, se requerirán determinadas habilidades o actitudes. Para ello, se deberán analizar los siguientes aspectos:

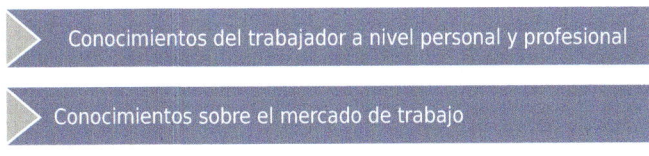

Conocimientos del trabajador a nivel personal y profesional

Conocimientos sobre el mercado de trabajo

Conocimientos del trabajador a nivel personal y profesional

Se trata de que cada individuo determine y reflexione sobre cuáles son sus **puntos fuertes o sus debilidades.**

En primer lugar, será necesario analizar qué habilidades o características personales tiene cada uno y reflexionar sobre cómo pueden influir en el puesto de trabajo que se desea ocupar. En concreto cada persona deberá analizar su forma de ser, prestando atención a sus hábitos de conducta, sus aptitudes, actitudes y sus limitaciones.

Posteriormente será necesario que el individuo se valore desde un **punto de vista profesional,** analizando la formación que tiene y la experiencia profesional que ha obtenido.

Con todo ello, lo que se pretende es que cada persona tenga claro qué es lo que puede ofrecer al mercado de laboral y las limitaciones que tiene a la hora de ocupar un determinado puesto de trabajo.

Conocimientos sobre el mercado de trabajo

Se trata de conocer las **características del mercado laboral en el que se desea buscar un trabajo** ya sea a nivel local, provincial, nacional o internacional.

Se deberá analizar qué profesiones son las más demandadas y qué es lo que se exige para el desempeño de un puesto de trabajo determinado o una profesión concreta.

Cuando se tienen los conocimientos suficientes, es decir, una vez que se conoce lo que cada persona puede ofrecer y lo que el mercado laboral demanda, será el momento de establecer el **objetivo profesional que se desea alcanzar.**

Cubrir un puesto de trabajo requerirá que el aspirante tenga una serie de **conocimientos y habilidades profesionales y personales.** Cada puesto de trabajo es diferente y se requerirán habilidades distintas, sin embargo existen una serie de habilidades que son valoradas a nivel general por las empresas, aunque pueden ampliarse o modificarse en función del perfil que se necesite, estas habilidades son:

Habilidades personales	Habilidades profesionales
- Empatía - Liderazgo - Capacidad para relacionarse con los demás - Confianza en uno mismo - Escucha activa - Persuasión - Capacidad de comunicación - Actitud positiva - Creatividad - Responsabilidad - Organización - Estados de ánimo	- Trabajo en equipo - Liderazgo - Capacidad de negociación - Capacidad de adaptación a los cambios - Control del estrés - Capacidad para trabajar bajo presión - Capacidad de análisis y resolución de problemas - Capacidad de síntesis - Innovación y creatividad - Iniciativa - Conocimientos específicos del área de trabajo

NOTA

Existen características personales que beneficiarán la búsqueda de empleo, la inserción, la promoción profesional y el desempeño de una profesión en sí.

Por ejemplo, una persona creativa, responsable y organizada tendrá más posibilidades de encontrar un trabajo y prosperar en él que una persona agresiva, *impuntual* y desganada.

Además de las características personales, deben considerarse aspectos de la personalidad que influyen y afectan en la búsqueda de empleo o en la promoción del mismo. Una baja autoestima y un alto nivel de ansiedad son elementos que pueden condicionar de manera bastante negativa.

4. Descripción de actitudes y elementos motivacionales en la empleabilidad

El comportamiento que se emplea para llevar a cabo una actividad, es decir, **la actitud que toma una persona,** debe ser tenido en cuenta en el proceso de búsqueda de empleo.

IMPORTANTE

Tener una actitud positiva y una conducta motivada es fundamental en la inserción laboral y el desarrollo profesional de una persona.

Cuando se piensa que no se va a conseguir un objetivo, se actúa con desmotivación, lo que implicará poca disposición y pocas ganas. El tiempo empleado disminuirá y el esfuerzo será mucho menor, disminuyendo así las posibilidades de conseguir lo que se ha planificado.

Para alcanzar los objetivos laborales es imprescindible confiar en uno mismo. **Si la persona no cree en lo que hace ni en sus propias capacidades, difícilmente lo harán los demás,** por lo tanto el primer paso para buscar un trabajo es tener una actitud positiva, visualizar el objetivo y tener la certeza de que es posible conseguirlo.

SABÍAS QUE...

Las motivaciones laborales son los principios y valores que guían la forma de actuar y las decisiones que cada persona toma en su desempeño profesional. Ser consciente de cuáles son las motivaciones hacia el trabajo repercute en el bienestar personal y facilita o dificulta la adaptación a la empresa y a las condiciones del puesto de trabajo.

Buscar trabajo no es un proceso fácil, sobre todo debido a la situación económica en la que nos encontramos; es muy habitual desanimarse y dejar de esforzarse para conseguir el objetivo, por ello es fundamental **mantener la motivación** durante la búsqueda de empleo:

> Tener una actitud positiva y ser optimista.
> Hay que encontrar el lado positivo de la situación.

Continúa en página siguiente >>

<< Viene de página anterior

Establecer una rutina, es decir, fijar un horario y un lugar donde buscar trabajo. Además, es importante dejar tiempo para el descanso y el ocio.

Planificarse y fijarse objetivos, por ejemplo contactar con determinadas empresas, actualizar el currículum, aumentar las habilidades y formación...

Relacionarse socialmente, no es bueno encerrarse y dedicarse solo a la búsqueda de empleo, por ello es necesario relacionarse con amigos y desconectar.

Aprovechar para ampliar la formación, actualizarse y ampliar conocimientos. Esto permitirá mantener una rutina y alcanzar determinados objetivos.

4.1. Motivación

La motivación, en el ámbito de la empleabilidad, está estrechamente relacionada con la actitud laboral. Es la fuerza, la energía o la voluntad que mueve a una persona a llevar a cabo determinados hechos o acciones, con el fin de conseguir su objetivo laboral. Es decir, desde el punto de vista de la búsqueda de empleo, la motivación laboral es aquella que mueve a la persona a encontrar su empleo deseado, teniendo en cuenta su formación, experiencia, habilidades o competencias transversales.

La motivación está vinculada con las competencias transversales, que son aquellas habilidades personales, relacionadas con la actitud, que permiten dar una respuesta adecuada a distintas situaciones laborales, sociales y personales.

Estas competencias se pueden mejorar, trabajar y entrenar. Las competencias transversales están relacionadas con la forma de vincular el conocimiento (saber), con la habilidad (saber hacer) y la con la actitud (saber ser, saber estar, querer hacer y poder hacer).

El "querer hacer" es, sin duda, el componente principal de la motivación. Por tanto, la motivación forma una parte importante en el desarrollo de las competencias transversales y las habilidades personales.

4.2. Puntos fuertes y débiles para el acceso al puesto de trabajo

Antes de iniciar el proceso de búsqueda de empleo, es muy importante que cada demandante de empleo trabaje, de forma concienzuda y reflexiva, un proceso global de autoconocimiento, analizando sus puntos fuertes y sus puntos débiles.

El autoconocimiento es clave en los procesos de orientación laboral, a través de acciones individuales y grupales.

Algunos de los aspectos más importantes del autoconocimiento son:

- Conocer nuestros puntos fuertes en torno al mercado de trabajo.
- Conocer nuestros puntos débiles en torno al mercado de trabajo.
- Definir correctamente nuestro objetivo profesional, a corto, medio y largo plazo.
- Saber identificar nuestras preferencias, metas, límites, etc.
- Identificar, de forma objetiva, nuestra experiencia laboral, nivel de formación, nivel de idiomas, disponibilidad y otros elementos relacionados con el proceso de inserción laboral.

El autoconocimiento, en este contexto, también está relacionado en cómo la persona demandante de empleo se sitúa en torno al mercado de trabajo.

El **análisis DAFO** permitirá al demandante de empleo hacer este proceso de autoconocimiento, identificado sus debilidades, amenazas, fortalezas y oportunidades en torno al proceso de búsqueda de empleo, contextualización en el mercado de trabajo y mejora de su empleabilidad. Por un lado, este tipo de análisis permitirá realizar un análisis interno del demandante de empleo, a través de la identificación de sus fortalezas y debilidades, y, por otro lado, permitirá realizar un análisis externo de la situación del mercado de trabajo y de otros factores que no son internos, a través de la identificación de las amenazas y oportunidades en torno a su proceso de búsqueda.

 TAREA 1

Marta acude a un servicio de orientación laboral público, gestionado por una entidad social del tercer sector. Marta tiene 30 años, durante más de 10 de años ha trabajado en el sector de la hostelería, pero, además, hace 1 año que terminó sus estudios de formación profesional de higiene bucodental. No sabe

Continúa en página siguiente >>

<< Viene de página anterior

cómo afrontar el proceso de búsqueda para cambiar de trabajo, ni siquiera tiene muy claro sí está o no preparada para el cambio. Son muchas las dudas que presenta en la cita de orientación individual. Te das cuenta rápidamente que es importante trabajar el autoconocimiento en su caso, así como la definición del objetivo profesional, a corto, medio y largo plazo. ¿Qué técnica le propones a Marta para trabajar en un proceso de autoconocimiento? ¿Qué preguntas la pueden servir para llevar a cabo la técnica?

4.3. Proyecto personal para la inserción laboral

Buscar un trabajo es una actividad que requiere **tiempo, esfuerzo, constancia y ánimo.** Es una tarea que debe planificarse para así poder aprovechar de un modo óptimo el tiempo y los medios disponibles.

La planificación y organización del tiempo debe trasladarse a cualquier actividad que se haga, por lo que es necesario desarrollar un proceso de búsqueda de empleo, convirtiéndose en un trabajo estructurado y organizado que nos facilitará el logro de los objetivos propuestos.

Formular objetivos

Será necesario establecer objetivos que ayudarán a concretar y constituir una aproximación al tipo de trabajo que se quiere conseguir.

Determinar el entorno profesional

Se debe determinar **en qué entorno se quiere trabajar:** empresa privada, sector público o por cuenta propia.

Identificar a los agentes de empleo existentes

A continuación se deberán identificar los **agentes de empleo;** organismos o entidades que gestionan las ofertas de trabajo, por ejemplo: centros privados, centros oficiales (cámaras de comercio o centros de orientación e información al empleo), asociaciones...

Establecer la estrategia a seguir para encontrar empleo

Será necesario determinar qué vía se va a elegir para buscar empleo y acceder a las ofertas de trabajo, existen las siguientes:

- ⮫ Ofertas públicas (consultar en los boletines oficiales de la provincia, comunidad o estatal).
- ⮫ Bolsas de empleo de las agencias de colocación.
- ⮫ Empresas de consultoría dedicadas a la selección de personal.

A partir de ahí se deben establecer las tareas que se van a realizar y su periodicidad, valorando el tiempo que se va a dedicar y fijando una actuación de seguimiento y control; un ejemplo puede ser el siguiente:

Tareas	Periodicidad	Tiempo dedicado	Seguimiento y control
Leer las ofertas de empleo en una web especializada	4 veces a la semana	4 h	Controlar el estado de las candidaturas

En concreto, es necesario organizar el proceso de búsqueda de empleo y tener claro que será necesario realizar las siguientes acciones:

Fijación de objetivos · Mantener la red de contactos · Recopilar información · Llamadas telefónicas · Redacción de currículum · Concertar entrevistas · Preparar y ensayar entrevistas · Seguimiento y agradecimientos · Evaluación de ofertas

 **NOTA**

Buscar trabajo es un trabajo en sí mismo e implica una dedicación, una acción y un registro de las acciones que deben realizarse.

Es en el **proyecto profesional** donde se recogen detalladamente todos los pasos que una persona debe dar para conseguir un empleo. Se debe recoger lo que el individuo quiere hacer o a dónde quiere llegar, valorando qué es lo que puede aportar al mercado laboral, cuáles son las limitaciones que tiene y qué dificultades va a encontrar para alcanzar el objetivo deseado.

IMPORTANTE

La finalidad del proyecto profesional es conseguir un puesto de trabajo concreto de acuerdo a las necesidades y a las posibilidades de cada persona.

Realizar un proyecto profesional ayuda a saber dónde y cómo buscar empleo y cómo elaborar un currículum vítae o una carta de presentación.

Las fases que hay que tener en cuenta para realizar un proyecto profesional adecuado son:

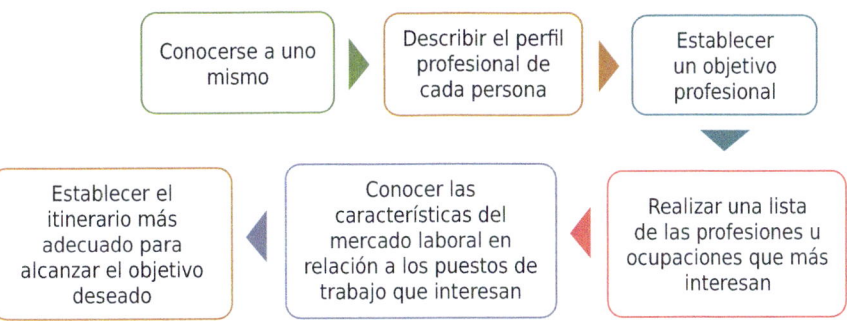

En concreto, para elaborar un proyecto profesional será necesario tener en cuenta los siguientes aspectos:

- **Autoconocimiento:** será necesario **conocerse a uno mismo** e identificar las capacidades o aptitudes con las que cuenta una persona, cuáles son sus intereses y sus expectativas y cuál es su situación personal y familiar.
- **Contexto formativo:** será necesario valorar la oferta formativa existente para determinar qué opción es la más adecuada para adquirir las competencias o conocimientos requeridos para el puesto de trabajo que se quiere conseguir. Se puede elegir entre: formación profesional, formación para el empleo, formación universitaria, cursos de formación...

⊃ **Contexto laboral:** es necesario conocer el **funcionamiento del merca-do de trabajo** en relación con el sector profesional que se ha elegido y el entorno laboral en el que se va a desarrollar el trabajo deseado.

5. Resumen

Los elementos que se deben conocer cuando se busca trabajo son la situación y las características del mercado laboral y el objetivo profesional que quiere conseguir el futuro trabajador.

El primer paso es conocer cómo está estructurado el mercado laboral, compuesto por la oferta y la demanda de empleo. Además se debe tener en cuenta que el mercado laboral es algo dinámico, que va cambiando y adaptándose a la sociedad. En concreto, los factores que influyen sobre el mercado de trabajo son:

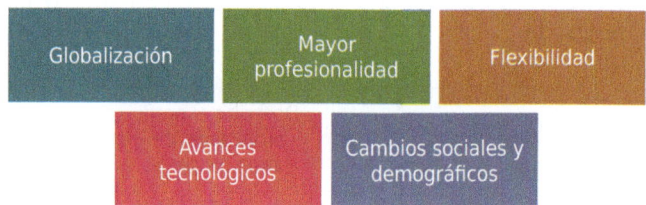

Es fundamental que cada individuo planifique su carrera profesional y establezca un objetivo claro, realista a sus posibilidades y a la situación en la que se encuentre el mercado de trabajo.

Cada individuo debe ser capaz de identificar las características del mercado laboral, como puestos de trabajo existentes, perfiles profesionales demandados, evolución sectorial del mercado de trabajo, necesidades, competencias demandadas...

Para ello, cada persona debe ser capaz de conocerse y determinar cuáles son las competencias profesionales que tiene, qué habilidades posee y qué actitud debe tomar para encontrar un trabajo acorde a la realidad laboral y a sus expectativas profesionales.

Es decir, en la búsqueda de empleo, todo individuo debe conocer las habilidades, actitudes, conocimientos, experiencias y valores que posee y que puede ofrecer en el mercado de trabajo, para poder desarrollar un proyecto profesional y conseguir un puesto de trabajo.

Ejercicios de autoevaluación
Unidad de Aprendizaje 1

1. ¿Qué es la empleabilidad?

    a. La mayor o menor probabilidad de encontrar un empleo, relacionada con el perfil y el objetivo profesional de la persona demandante de empleo.

    b. Conjunto de competencias y cualificaciones transferibles.

    c. Está conectada con las expectativas que cada demandante de empleo tiene sobre su trayectoria profesional, así como sobre lo que desea conseguir a nivel laboral.

    d. Todas las opciones son correctas.

2. Indica si las siguientes oraciones son verdaderas o falsas.

    a. La población activa está formada por la población ocupada y la población jubilada.

- Verdadero
- Falso

    b. La población desempleada es aquella que, aun buscando un empleo, no lo encuentra.

- Verdadero
- Falso

    c. La población inactiva está conformada, entre otro, por personas que se encuentran estudiando.

- Verdadero
- Falso

    d. La oferta de trabajo depende única y exclusivamente de la productividad de los trabajadores.

- Verdadero
- Falso

3. En España, la ley de empleo en vigor es...

    a. ... la Ley 3/2023, de 28 de febrero, de Empleo.
    b. ... la Ley 3/2024, de 28 de febrero, de Empleo.
    c. ... la Ley 3/2022, de 28 de febrero, de Empleo.
    d. ... la Ley 3/2023, de 27 de febrero, de Empleo.

4. ¿Qué aspectos engloba una competencia profesional?

    a. Conocimientos, actitudes y motivación.
    b. Conocimientos, habilidades y destrezas.
    c. Conocimiento, habilidades y actitudes.
    d. Habilidades, destrezas y actitudes.

5. A la hora de elaborar o definir un proyecto personal para la búsqueda de empleo e incorporación al mercado de trabajo, ¿qué aspectos es importante tener en cuenta?

    a. Autoconocimiento
    b. Contexto formativo
    c. Contexto laboral
    d. Todas las opciones son correctas.

Técnicas de búsqueda de empleo

Contenido

1. Introducción
2. Identificación de los requisitos de la oferta de trabajo: empresa y puesto ofertado
3. Elaboración del Curriculum Vitae (CV)
4. Simulación de un proceso de selección
5. Resumen

Objetivos

El objetivo general de esta Unidad de Aprendizaje es:

→ Utilizar las diversas herramientas y estrategias existentes para realizar una búsqueda de empleo eficiente y afrontar una entrevista de trabajo con éxito.

Los objetivos específicos de esta Unidad de Aprendizaje son:

→ Identificar los requisitos y particularidades de una oferta de trabajo.

→ Conocer y saber elaborar un currículum adecuado a cada oferta de trabajo.

→ Analizar el papel de la carta de presentación como complemento al currículum vitae.

→ Conocer las principales características de un proceso de selección, para así poder afrontarlo correctamente.

1. Introducción

La búsqueda de un trabajo no es un proceso sencillo, son muchos los factores que intervienen en la selección de una persona para ocupar un puesto de trabajo y, por lo tanto, es necesario conocer las técnicas y herramientas que ayuden a este proceso de inserción, aumentando las posibilidades de encontrar una ocupación laboral.

Es conveniente conocer el **amplio abanico de recursos** y saber seleccionar los que se ajusten más al mercado laboral y al perfil profesional de cada persona.

Además, es importante recibir una **adecuada orientación,** tanto formativa como laboral, por parte de los agentes destinados a ello. Eso va a permitir que la búsqueda de empleo sea más efectiva orientando a las personas hacia los sectores donde pueden encontrar un trabajo en función de sus posibilidades y de la realidad del mercado laboral.

Las principales herramientas que se van a utilizar para la búsqueda de empleo son: el currículum vitae, la carta de presentación y la preparación de procesos de selección, concretamente la entrevista de trabajo.

2. Identificación de los requisitos de la oferta de trabajo: empresa y puesto ofertado

Cuando una persona en situación de desempleo quiere incorporarse al mercado de trabajo, inicia lo que se conoce en el contexto de la orientación laboral, como un proceso de búsqueda activa de empleo (BAE).

La **búsqueda activa de empleo** implica acciones, por parte del demandante, a través de diferentes técnicas y herramientas, para encontrar un empleo y para mejorar la empleabilidad.

Todas las **técnicas para la búsqueda de empleo** implican un análisis de puestos ofertados y/o de empresas, ya que es posible analizar una empresa, aunque no haya un puesto concreto ofertado, analizando posibles vacantes para el futuro más próximo.

Las **principales técnicas** para la búsqueda activa de empleo son las siguientes:

⮱ **La autocandidatura**

A través de esta técnica, el demandante de empleo presenta su candidatura laboral, a través del currículum vitae en diferentes empresas, teniendo en cuenta sus expectativas u objetivo profesional.

La autocandidatura debe hacerse de forma organizada y estructurada, analizando diferentes empresas y organizaciones según el objetivo profesional. Esta puede ser espontánea o dando repuesta a un anuncio de empleo. En el primer caso, se hará un análisis de la empresa y la posible oferta, y, en el segundo caso, se hará un análisis de la empresa y la oferta publicada.

⮱ **Los intermediadores del mercado de trabajo**

Los intermediadores del mercado de trabajo son aquellas entidades públicas o privadas, que intermedian entre la oferta de trabajo (empresas, entidades y organizaciones) y la demanda de empleo (personas desempleadas y ocupadas que buscan un trabajo).

Es importante que la persona que busca empleo conozca los principales intermediadores laborales, para así presentar su candidatura laboral, analizando, como a través de la autocandidatura, cada oferta y empresa en la que sería posible su incorporación laboral.

Los principales intermediadores laborales son:

- ◗ **Los servicios públicos de empleo.** El Servicio Público de Empleo Estatal (SEPE) y los servicios públicos de empleo de las CCAA.
- ◗ **Las agencias de colocación.** Son entidades, públicas o privadas, que intermedian en el mercado de trabajo y que deben contar con lo homologación del SEPE.
- ◗ **Las empresas de trabajo temporal (ETT).** Son entidades privadas con ánimo de lucro que también intermedian en el mercado de trabajo. Prestan sus servicios a otras empresas. Algunas son de gran relevancia son, por ejemplo: Adecco, Randstad o Manpower.
- ◗ **Otros intermediadores.** Agrupaciones de empresarios, sindicatos, colegios profesionales, entidades del tercer sector, etc.

⮱ **Los portales de empleo**

En internet existen buscadores generalistas de empleo, buscadores específicos por sectores y portales concretos de empresas privadas, agencias de colocación o empresas de trabajo temporal. Además, también puede buscarse empleo en apps y redes sociales, como por ejemplo, LinkedIn o Milanuncios.

NOTA

InfoJobs registró en España, casi 183.000 vacantes en agosto de 2024.

- -

⮂ La red de contactos

Es la herramienta más eficaz para la búsqueda de una oportunidad laboral. También la podemos definir como red de conocidos o la utilización del "boca a boca".

NOTA

Según el INE, más del 70 % de los trabajos se consiguen a través de la auto-candidatura y la utilización de la red de contactos.

- -

La red de contactos consiste en saber gestionar y utilizar las relaciones de nuestro entorno personal, familiar, social y laboral, para así generar un impacto positivo en la empleabilidad y en los procesos de búsqueda de empleo.

APLICACIÓN PRÁCTICA

Ana tiene 40 años y, tras 13 años en la misma empresa, acaba de perder su trabajo. Está interesada en buscar una nueva oportunidad laboral en su mismo sector pero lleva mucho tiempo trabajando, sin buscar nuevas opciones, y no sabe cómo iniciar su proceso de búsqueda. ¿Cómo podemos ayudar a Ana? ¿Qué técnicas para la búsqueda de empleo le podemos recomendar con ejemplos concretos claros y realistas?

Continúa en página siguiente >>

<< Viene de página anterior

Solución

El proceso de búsqueda de empleo en sí mismo un trabajo, por lo que hay que recomendar a Ana, ante todo, esfuerzo, constancia, motivación y tolerancia a la frustración.

Es importante que utilice varias técnicas de búsqueda: la autocandidatura, elaborando, por ejemplo, un listado de las empresas que le pueden interesar según su perfil profesional, localizando las páginas web y/o un correo electrónico para el envío de su currículum vitae; los intermediadores más importantes del mercado de trabajo, para así poder inscribirse como demandante de empleo, como, por ejemplo, la web del servicio público de empleo de su CCAA, la agencia de colocación de Cruz Roja o la web de Adecoo; la inscripción en varios portales de empleo, como, por ejemplo, InfoJobs o Monster; y la utilización o mantenimiento de su red de contactos, inscribiéndose en sesiones de formación, talleres o dando a conocer a todo su entorno personal su objetivo profesional.

---

3. Elaboración del Curriculum Vitae (CV)

Elaborando una buena carta de presentación y currículum se tendrán más opciones de ser preseleccionado en un puesto de trabajo.

Estos documentos sirven para **mostrar las aptitudes y actitudes del candidato** a un puesto de trabajo.

 **IMPORTANTE**

La carta de presentación y el currículum son dos documentos diferentes. El currículum es un documento donde el candidato resume sus habilidades, conocimientos y experiencias profesionales, mientras que la carta de presentación se utiliza para describirse a uno mismo, destacando los aspectos más apropiados en función al puesto de trabajo ofertado, explicando por qué es la persona idónea para cubrir dicho puesto. La carta de presentación busca llamar la atención del empresario y destacar los aspectos positivos de uno mismo.

Para que el currículum y la carta de presentación sean eficaces es importante que se encuentren actualizados y que se adapten a las características del puesto de trabajo ofertado.

A su vez, será necesario llevar a cabo una **búsqueda de empleo organizada,** considerándola como un trabajo en sí, con tareas y actividades diarias. Por ese motivo, se recomienda el uso de una **agenda de búsqueda de empleo.**

NOTA

Gracias a la agenda de búsqueda de empleo se puede organizar un plan de acciones y actividades que van a llevarse a cabo para buscar empleo, como puede ser llevar currículum a una empresa, ir al servicio autonómico de empleo o buscar ofertas de trabajo por internet… También sirve para llevar un control de las empresas con las que ya se ha contactado y recopilar información acerca de las mismas (procesos de selección que llevan a cabo, puestos que ofertan que pueden ser interesantes, etc.).

El **currículum vítae** es el resumen tanto de la formación como de la experiencia laboral que realiza la persona para acceder a un puesto de trabajo.

El currículum es la **principal herramienta para buscar un trabajo,** y tiene las siguientes características:

> Sirve para presentar al candidato y aportar información sobre él.

> El objetivo es conseguir que el seleccionador se fije en el candidato y lo cite para una entrevista.

> Debe ser claro, completo, conciso, con un lenguaje cuidado y estar bien presentado.

> Se debe adaptar al puesto de trabajo.

> Debe incluir los datos personales, formación, experiencia profesional, idiomas y en cada caso, las competencias profesionales y, transversales relacionadas con el puesto.

SABÍAS QUE...

El error más frecuente en la elaboración de un currículum versa sobre la forma; es fácil errar en el diseño o en la presentación del mismo, no cuidar la ortografía, usar una foto inadecuada, adornarlo con datos innecesarios o desviarse del objetivo principal.

3.1. Formatos de CV

Cada persona elaborará el currículum de la mejor manera posible, aunque de forma general existen cuatro tipos de currículum que pueden ser utilizados.

TIPO DE CURRÍCULUM	CARACTERÍSTICAS
Currículum cronológico	- Se da información sobre la experiencia profesional y formación de forma secuencial y cronológica. - Debe contener los datos personales, formación, experiencia, idiomas, informática y otros datos de interés. - Es adecuado cuando se quiera resaltar el crecimiento profesional, si permite leer un recorrido profesional coherente con la oferta o si se ha trabajado en empresas prestigiosas. - No es adecuado si se ha cambiado muchas veces de empresa o no se ha cambiado nunca, y si llevamos mucho tiempo fuera del mercado, o el historial no es coherente con la oferta.

Continúa en página siguiente >>

<< Viene de página anterior

TIPO DE CURRÍCULUM	CARACTERÍSTICAS
Currículum por funciones	- Se estructura en bloques en función de la experiencia profesional. - Se detallan las funciones desarrolladas en otros trabajos relacionadas con la oferta de empleo, los datos personales y el resto de información profesional. - Mediante este tipo de currículum se destacan los puntos fuertes. - Es adecuado cuando se tiene una o varias profesiones, si hay cambios de profesión, si se accede al primer empleo o si se ha estado mucho tiempo en paro. - No es adecuado cuando la función/es que se piden en la oferta no se acrediten en el currículum, ni cuando se exijan los periodos trabajados.
Currículum por proyectos	- Se describen los proyectos en los que el candidato ha participado y las competencias que tiene. - Debe contener el contenido de los proyectos realizados, los datos personales y la información profesional. - Es adecuado cuando el puesto ofertado es la realización de un proyecto.
Currículum creativo	- Se deben indicar las habilidades específicas que posee el candidato en actividades creativas y de diseño. - La información se estructura como una secuencia de materiales multimedia que resume la creatividad profesional. - Es adecuado cuando la oferta requiera creatividad como requisito fundamental.
Currículum europeo	- Es un modelo propuesto por la Comisión de las Comunidades Europeas en Recomendación de 11 de marzo de 2002. - Este tipo ordena la información siguiendo una plantilla, previamente consensuada, por los países de la Unión Europea. - Está diseñado principalmente para buscar trabajo en la Unión Europea y para participar en programas educativos y formativos en la misma. - Presenta las competencias y cualificaciones de una manera normalizada para todos los países que la conforman.

3.2. Adecuación de los apartados del CV al perfil profesional ofertado

El CV debe ser un documento vivo, por lo que habrá que adaptarlo, siempre que sea necesario y posible, a cada oferta de trabajo, empresa y/o proceso de selección.

Sea cual sea el tipo que se elija, lo que se debe tener claro es que **el currículum es una forma de presentarse a la empresa,** describir la formación y experiencia laboral que una persona posee y debe recoger la siguiente información:

- **Datos personales:** se debe identificar al candidato especificando: nombre y apellidos, dirección, lugar y fecha de nacimiento, teléfono/s de contacto, correo electrónico...
- **Formación académica:** se debe indicar el nivel de estudios máximo que se haya realizado, indicando el nombre de la formación, el centro donde se realizó, la localidad y la fecha de finalización.
- **Formación complementaria:** se deben detallar todos los cursos, seminarios, jornadas... que el candidato haya realizado, especificando el nombre de la formación, el centro de impartición, el número de horas y el año de realización.
  Se puede optar por indicar solo los adecuados al puesto de trabajo ofertado.
- **Experiencia profesional:** se debe establecer una relación de los puestos de trabajo donde el candidato haya trabajado especificando el nombre de la empresa, duración, tareas realizadas...
  Se puede optar por indicar solo los adecuados al puesto de trabajo ofertado.
- **Idiomas:** se indicará el nivel de conocimientos sobre una lengua extranjera. Se debe mostrar el nivel de comprensión hablado y escrito (bajo, medio o alto).
- **Conocimientos informáticos:** se utiliza para indicar el nivel de conocimientos informáticos que tiene el candidato. Se debe especificar si el conocimiento es a nivel usuario, avanzado o experto y si se conoce el funcionamiento de algún programa informático relacionado con el puesto ofertado.
- **Otros datos de interés:** el candidato tendrá que indicar otros tipos de datos que pueden ser relevantes para la ocupación del puesto de trabajo ofertado, como por ejemplo, si tiene carné de conducir, la disponibilidad para viajar o cambiar de residencia.
  Además, se pueden incluir datos relacionados con las habilidades, aficiones, logros e intereses del candidato que estén relacionados con la oferta.

◎ EJEMPLO

Un ejemplo de currículum puede ser el siguiente:

https://redirectoronline.com/fcoo010201

3.3. Visibilidad de competencias, habilidades y aptitudes

El currículum vitae es una oportunidad de conseguir una entrevista y, por tanto, un trabajo. Por ello, es importante que, a través de su redacción y presentación puedan mostrarse, de una u otra forma, las competencias, habilidades y aptitudes de la persona demandante.

Como ya vimos en la unidad anterior, las competencias transversales muestran los conocimientos, habilidades y actitudes de la persona que busca empleo. Estas se muestran en el CV:

- ➲ A través de la descripción de las funciones de cada puesto de trabajo.
- ➲ A través de la presentación de las habilidades adquiridas en cada formación académica, formación complementaria o experiencia profesional.
- ➲ A través de la justificación de las actitudes entrenadas a lo largo de la vida. Por ejemplo, el entrenamiento de la competencia trabajo en equipo, mostrando que la persona ha estado jugando a baloncesto durante siete años, o el entrenamiento de la competencia atención al cliente, destacando que la persona ha trabajado como camarera durante varias temporadas de verano.

3.4. Errores comunes a evitar en la redacción de un CV

Es importante cuidar, a un importante nivel de detalle, la redacción del currículum vitae, evitando los siguientes errores más comunes:

- ➲ Redacción muy extensa, ocupando más de dos páginas.

- Tener faltas de ortografía o de gramática en su redacción.
- No cuidar la estética del documento.
- Utilizar una foto desactualizada o poco adecuada.
- No redactar las principales funciones de cada puesto de trabajo.
- No especificar fechas de ningún tipo.
- Especificar datos muy íntimos: estado civil, número de hijos, etc.
- Utilizar un correo electrónico poco profesional.
- Utilizar siempre el mismo currículum para todas las ofertas de empleo y empresas.
- No hacer referencias a las habilidades personales o competencias transversales.

3.5. Carta de presentación como complemento del Curriculum Vitae

Se entiende por **carta de presentación** al documento que acompaña al currículum con el objetivo de presentarlo y de identificar el empleo que se solicita. Esta carta **ha de ser breve y personalizada,** demostrando interés y motivación.

IMPORTANTE

La carta de presentación es un escrito dirigido a la empresa donde se presenta la candidatura para el puesto de trabajo ofertado.

El objetivo de la carta de presentación es captar el interés de los seleccionadores para poder pasar al siguiente nivel del proceso de selección.

Existen dos tipos de cartas de presentación, dependiendo de su finalidad:

Responder a una oferta de empleo	Autocandidatura
- La carta debe ajustarse a la oferta, destacando los puntos fuertes del currículum que cubran las necesidades que demandan en la empresa.	- Se envía por cuenta propia, para que la tengan en cuenta en futuros procesos de selección. Se debe explicar la motivación que les lleva hasta esa empresa y qué puede aportar a ella.

Independientemente de su tipología, toda carta de presentación debe tener la misma estructura:

1. **Encabezamiento:** se sitúa en el margen izquierdo superior. Contiene nombre, apellidos, dirección postal, teléfono y correo electrónico.
2. **Fecha:** en el margen derecho, después del encabezamiento, debe aparecer la fecha de envío de la carta.
3. **Saludo de cortesía:** suele usarse "Estimados/as señores/as" o "Muy señores/ as míos/as".
4. **Primer párrafo:** incluye el motivo por el que se envía la carta. Si la carta solicita un empleo que la empresa ha publicado, debe mencionar el anuncio de la oferta y la fuente. En cambio, si se envía una autocandidatura, se expondrá el tipo de trabajo que se solicita.
5. **Segundo párrafo:** manifiesta las razones por las que se está interesado en trabajar en esta empresa, así como las competencias del perfil profesional que encajan en el puesto solicitado. Es decir, se trata de realizar un resumen atractivo de los puntos del currículum que se ajustan a dicho puesto.
6. **Tercer párrafo:** se muestra el deseo de concretar una entrevista. Por ejemplo: "Espero que consideren mi candidatura, con vistas a una entrevista donde podremos analizar con más detalle mi currículum".
7. **Despedida:** fin de la carta con una fórmula de cortesía como puede ser "Agradeciéndoles la atención prestada, les saluda atentamente...". Se finaliza con el nombre y la firma del autor de la misma.

 **EJEMPLO**

A continuación se puede ver una carta de presentación en respuesta a una oferta de empleo:

https://redirectoronline.com/fcoo010202

4. Simulación de un proceso de selección

La selección de personal es una de las funciones más importantes de la gestión de recursos humanos (RR. HH.) pues resulta fundamental para el buen desarrollo y funcionamiento de la empresa. Consiste, básicamente, en proporcionar o **incorporar a la empresa uno de sus recursos más esenciales, los recursos humanos.**

NOTA

Tradicionalmente, la selección de personal ha hecho referencia a la aplicación de pruebas o exámenes a los candidatos para, en función de sus resultados, tomar decisiones de contratación.

Actualmente, la selección es concebida como un proceso amplio que conlleva el **desarrollo de una serie de etapas y fases** en cada una de las cuales se realizan diversas actuaciones con unos objetivos o finalidades determinadas.

Más concretamente, se trata de un proceso cuya finalidad es **encontrar y elegir a la persona adecuada para cubrir un puesto determinado,** teniendo en cuenta las necesidades de la empresa y del trabajador.

En concreto, el proceso de selección está compuesto por las siguientes fases:

1. **Preparación del proceso:** el proceso de selección comienza planificando los recursos humanos, para así prever las **necesidades de personal** que tiene la empresa y analizando los puestos de trabajo para ver qué perfil profesional se va a buscar. Es decir, se debe comenzar identificando las necesidades de la empresa.
2. **Reclutamiento: proceso de búsqueda y captación de personas** que se muestren interesadas en el puesto a cubrir y que reúnan el perfil necesario para desempeñarlo (dar a conocer la oferta de empleo mediante el canal más adecuado: internet, Servicio de Empleo Público Estatal [SEPE], etc.).
3. **Preselección:** se trata de realizar una **primera filtración de candidatos** que, de entrada, no van a seguir en el proceso de selección por no cumplir los requisitos mínimos exigidos al hacer la oferta (analizar los currículum recibidos, las cartas de presentación, las autocandidaturas, etc.).

4. **Aplicación de exámenes o pruebas:** se realizarán pruebas profesionales, psicotécnicas, situacionales y/o de simulación, pruebas médicas, y entrevistas.

5. **Informe final:** se trata de **analizar e integrar toda la información disponible,** elaborando los perfiles de cada candidato y redactando un informe con la descripción sintetizada de todo el proceso seguido, así como los resultados obtenidos en relación a las características evaluadas.

6. **Toma de decisiones:** análisis y valoración de resultados, contraste de perfiles, elección de candidatos y comunicación a seleccionados y no seleccionados.

7. **Incorporación:** puesta en marcha de los **programas de acogida** con el fin de facilitar la adaptación e integración del candidato al puesto de trabajo y a la organización.

8. **Periodo de prueba: seguimiento, supervisión y evaluación del trabajador** para verificar el grado de adecuación al puesto y comprobar la eficacia del proceso de selección.

9. **Integración:** programas de formación, supervisión controlada, programas de orientación, planes de carrera, planes de promoción, traslados y sucesiones.

10. **Control del proceso:** se lleva a cabo de forma paralela a la ejecución del mismo. Supone un análisis de los resultados obtenidos al final del reclutamiento, tras la aplicación de pruebas o exámenes a los candidatos, y especialmente después del periodo de prueba, el cual representa un **análisis y balance final del grado de eficacia en el proceso de selección.**

La selección de personal es una de las funciones más importantes de la gestión de recursos humanos, ya que tiene como objetivo fundamental proporcionar a la empresa una **mano de obra satisfactoria, pero también satisfecha.**

4.1. Análisis del currículum vitae

En un proceso de selección antes de realizar una entrevista laboral u otra prueba, el ofertante deberá realizar un análisis del currículum vitae, de ahí que el demandante de empleo también deba hacerlo, para así ser capaz de conocer su CV, presentarlo y defenderlo en cualquier proceso de selección.

Las cuestiones más importantes que se deben tener en cuenta a la hora de analizar un CV son:

⊃ Estética mínima, estructura organizada, extensión, existencia de errores gramaticales u ortográficos y fotografía seleccionada.

⮕ Definición clara de los puestos de trabajo desempeñados, con sus funciones, organizando por fechas u ocupaciones.
⮕ Relación clara de la formación, experiencia y/o otros datos con la oferta de trabajo en concreto.
⮕ Información sobre la disponibilidad para viajar, el cambio de residencia o la flexibilidad horaria.
⮕ Datos sobre las habilidades blandas, las competencias transversales o las competencias profesionales.

 **DEFINICIÓN**

Habilidades blandas

También conocidas como *soft skills*. Son competencias o actitudes que tiene una persona para interaccionar con su medio social, personal o laboral, y que no dependen de conocimientos teóricos o técnicos. Están relacionadas con los rasgos de la personalidad, la actitud y la motivación.

4.2. Argumentación y defensa del mismo

Una vez que la empresa selecciona un currículum para una entrevista de trabajo el candidato debe prepararse para este momento, siendo capaz de presentar, defender y argumentar su CV, con el fin de potenciar los puntos fuertes y persuadir al entrevistador de ser la mejor opción para la vacante laboral.

Para la defensa del CV, es importante que el demandante de empleo trabaje las siguientes cuestiones:

⮕ Control de la ansiedad, a través de ejercicios de relajación, por ejemplo.
⮕ Preparación de la imagen en concordancia con el puesto de trabajo y la empresa.
⮕ Utilizar un vocabulario adecuado al puesto de trabajo, proceso de selección y/o empresa.
⮕ Acudir a la entrevista con la mayor cantidad de información posible sobre la empresa, perfil de trabajadores y proceso de selección.
⮕ Estudiar el currículum y ser capaz de presentarlo de forma coherente, concisa, honesta y clara.
⮕ Hacer balance de puntos fuertes y débiles, para así preparar posibles preguntas y respuestas.

⮊ Anticiparse ante preguntas más complicadas, utilizando siempre la honestidad y la reformulación positiva.

4.3. Preguntas habituales y preguntas trampa en las entrevistas de trabajo

En un proceso de selección, la entrevista de trabajo es el elemento más importante. A ella solo acceden los **candidatos con mayores probabilidades de conseguir el puesto ofertado.**

 **DEFINICIÓN**

Entrevista de trabajo
Se define como una comunicación verbal entre dos o más personas con el propósito de intercambiar información, ideas u opiniones y con un carácter estrictamente profesional.

La empresa, a través de la entrevista, logra información directa sobre la trayectoria profesional y la personalidad del entrevistado, averiguando así si cumple con el perfil profesional que se requiere.

El entrevistado, a su vez, puede conseguir a través de ella información directa de la empresa para contrastarla con la información previa que tuviera. También tiene la oportunidad de **demostrar que es la persona adecuada para el puesto.**

Por lo que se puede decir que la entrevista cumple, básicamente, las siguientes funciones:

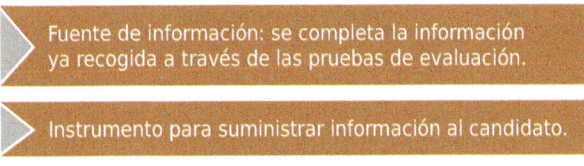

Fuente de información: se completa la información ya recogida a través de las pruebas de evaluación.

Instrumento para suministrar información al candidato.

Continúa en página siguiente >>

<< Viene de página anterior

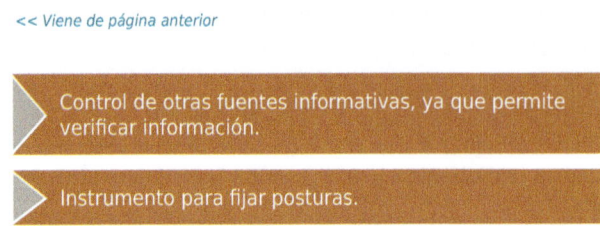

Control de otras fuentes informativas, ya que permite verificar información.

Instrumento para fijar posturas.

La entrevista de selección persigue tres objetivos fundamentales:

- **Recoger información:** comprobar que el candidato reúne los requisitos necesarios para desempeñar satisfactoriamente el puesto de trabajo en cuanto a conocimientos, experiencia, competencias, motivación e intereses.
- **Informar:** facilitar al candidato datos sobre la organización y el puesto de trabajo, para que pueda determinar si está interesado en él.
- **Motivar:** producir en el candidato una buena imagen de la organización, por medio de su modo de tratar al personal.

Se pueden clasificar los tipos de entrevista en función de diferentes criterios, en concreto los tipos de entrevistas pueden ser:

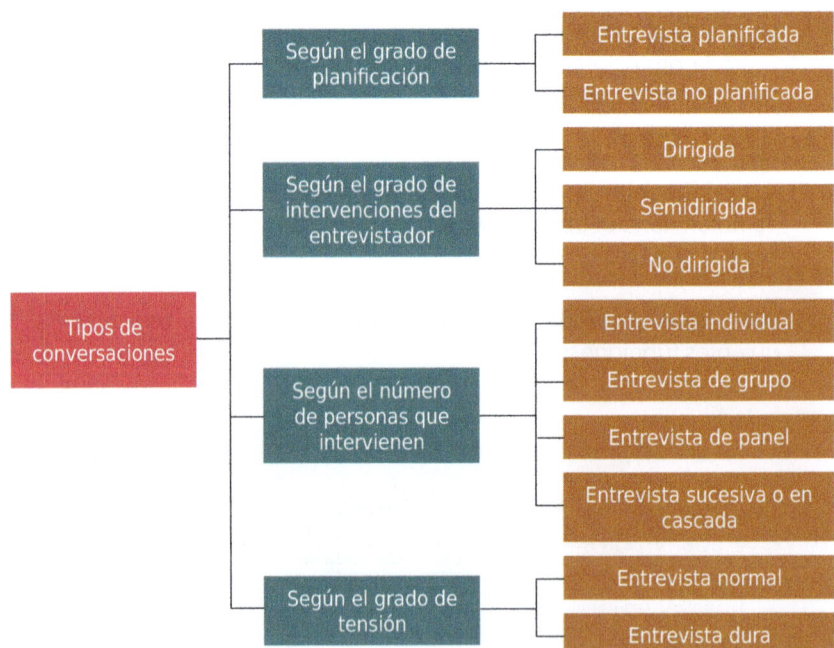

La entrevista de selección conlleva el desarrollo de las siguientes fases:

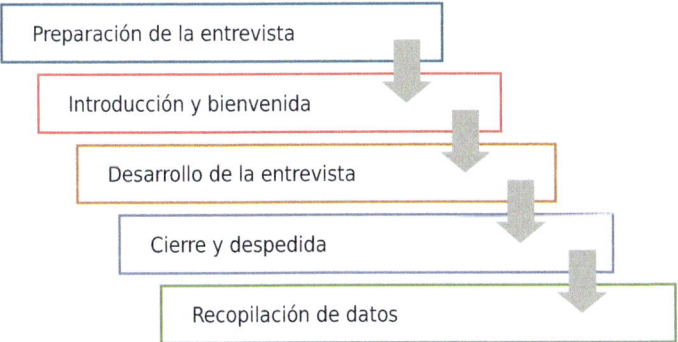

A continuación se analizará cada una de ellas con más profundidad.

Preparación de la entrevista

A la hora de planificar una entrevista **el entrevistador** debe tener en cuenta los siguientes aspectos:

- Estudio del puesto: implica repasar el análisis del puesto de trabajo en cuanto a tareas y requisitos.
- Estudio del candidato: revisar currículum vítae, pruebas realizadas, etc.
- Definir los objetivos a conseguir con la entrevista.
- Planificar el esquema de la entrevista para alcanzar esos objetivos.
- Preparar el entorno físico: buena iluminación, espacio ordenado, ausencia de ruidos o interrupciones, etc.
- Tener un reloj a la altura de los ojos y preferentemente a la espalda del candidato que permita controlar los tiempos de la entrevista.
- Reflexionar sobre si existen datos o características del candidato que puedan afectar a estereotipos y prejuicios del entrevistador.

Por su parte **el candidato** deberá tener en cuenta los siguientes aspectos:

- Repasar el currículum para ser capaz de explicar, de manera convincente, cada uno de los puntos que en él aparecen.
- Informarse sobre la empresa y el puesto de trabajo que ofertan.
- Elaborar una serie de preguntas sobre la empresa y el puesto, demostrando así interés por el mismo.
- Ensayar en casa la entrevista, con algún familiar o amigo.
- Dar facilidades para fijar la hora y el día de la entrevista.

⮁ Asegurarse del lugar y de la hora de la entrevista, así como del nombre del entrevistador.

Introducción y bienvenida

Cuando el candidato llega a la organización para la entrevista **debe ser recibido personalmente.** En esta primera fase con el candidato, el entrevistador deberá presentarse indicando su nombre, apellidos y el puesto que ocupa en la empresa. También deberá garantizar la confidencialidad y discreción respecto a todo lo que se comente.

Tras la presentación, el entrevistador explicará los **objetivos de la entrevista** e intentará relajar y preparar al candidato para que se implique lo antes posible en su desarrollo.

Desarrollo de la entrevista

En esta fase juega un papel fundamental el entrevistador, pues el éxito dependerá de su **capacidad y habilidad para abordar los puntos a tratar, logrando como resultado la información deseada.**

En cuanto al tiempo de duración se recomienda que sea entre 45 y 60 minutos, pues si dura más de una hora, la persona se cansa. Además, está demostrado que no existe una relación directa o lineal entre tiempo y éxito o validez de la entrevista.

Durante esta fase **el entrevistador** tratará los siguientes aspectos:

⮁ Se repasarán brevemente los datos personales del candidato para comprobar que son correctos y verificar si el candidato tiene al día su currículum vítae.
⮁ Historial académico: se repasarán los estudios académicos, formación relacionada con el puesto, formación complementaria e idiomas.
⮁ Historial profesional: se hablará de la experiencia profesional, las fluctuaciones laborales, causas del cambio de trabajo, relaciones con los compañeros, satisfacción laboral, grado de autonomía, responsabilidad, etc.
⮁ Se pedirá una autovaloración general al candidato, intentado que destaque las capacidades y destrezas, conocimientos y cualidades profesionales que posee en relación al trabajo.
⮁ Se tratará de obtener información sobre las metas y ambiciones del entrevistado.
⮁ Finalmente es importante hacer un repaso por los intereses y aficiones del candidato.

Por su parte **el candidato** debe tener en cuenta los siguientes aspectos:

- Ser puntual y cuidar el vestuario e higiene personal.
- Llevar dos o tres copias del currículum vítae.
- Llevar un papel y lápiz para tomar notas.
- Saber escuchar y tener buena expresión verbal.
- Destacar los puntos fuertes y dar la vuelta a las debilidades, convirtiéndolas en fortalezas.
- Cuidar el lenguaje corporal: postura corporal correcta, no gesticular de forma exagerada, sonrisa moderada y mirada fija en el entrevistador.
- Naturalidad y confianza en uno mismo.
- Se debe preguntar lo que se quiera saber. Se recomienda no preguntar aún sobre el salario y vacaciones.
- El entrevistador será el que ponga fin a la entrevista, por lo que se aconseja no prolongarla de manera innecesaria. Si no se ha mencionado nada sobre el proceso de selección, es favorable tomar la iniciativa y preguntar directamente cuáles serán los siguientes pasos del proceso.

Cierre y despedida

En esta fase se da información al candidato acerca del puesto a cubrir y de la empresa y se le ofrece la oportunidad para que formule preguntas o dudas.

En el momento de la despedida se le informará sobre cómo le será comunicada la decisión de la entrevista y se terminará la conversación de manera cordial y agradeciendo al entrevistado el tiempo e interés mostrado.

Antes de salir, el candidato debe dar las gracias al entrevistador por su tiempo y se debe **confirmar el interés por el puesto.**

Recopilación de datos

Por su parte **el entrevistador** deberá hacer un pronóstico de la **adecuación del sujeto al puesto de trabajo.** Para ello se deben tener en cuenta las exigencias del puesto a cubrir, así como los objetivos de la organización. Un posible esquema de evaluación podría ser el siguiente:

- Organizar la información recogida.
- Analizar los puntos fuertes y débiles del entrevistado en relación con el trabajo a desempeñar.
- Emitir un juicio de evaluación.
- Redactar una justificación sobre la idoneidad del candidato.

A la hora de tomar una decisión sobre el candidato que más se adapta al puesto de trabajo, el entrevistador debe juzgar en qué medida las capacidades, conocimientos, habilidades, intereses, personalidad y actitudes de dicho candidato se ajustan al puesto y a la cultura de la empresa.

Por otro lado **el candidato** deberá:

⊃ Evaluar la impresión general que le ha producido la empresa y el puesto de trabajo ofrecido.
⊃ Evaluar el éxito de la entrevista, resaltando los puntos positivos y negativos del encuentro.
⊃ Apuntar las conclusiones destacando los puntos que se deben mejorar para futuras entrevistas.

Preguntas más habituales en las entrevistas de trabajo

⊃ ¿Qué formación académica tienes?
⊃ ¿En qué áreas te has formado de forma complementaria?
⊃ ¿Cuáles son tus estudios más recientes?
⊃ ¿Por qué estudiaste tal carrera, formación profesional o curso de formación?
⊃ ¿Cuál es tu vocación?
⊃ ¿Cuál fue tu primer trabajo?
⊃ Explica tu carrera profesional.
⊃ ¿Cómo encontraste tu último trabajo?
⊃ ¿Cuáles son tus aspiraciones profesionales?
⊃ ¿Cuál es tu objetivo profesional a corto, medio y largo plazo?
⊃ ¿Cuál ha sido tu mayor éxito profesional?
⊃ ¿Cuál ha sido tu mayor fracaso profesional?
⊃ ¿Cuál es tu nivel de idiomas?
⊃ ¿Tienes movilidad geográfica?
⊃ ¿Tienes flexibilidad horaria?
⊃ ¿Qué es lo que más valoras en un trabajo?
  Describe un momento exitoso de tu vida laboral (con relación a un puesto en concreto, una tarea, un compañero...).
  Describe un momento de fracaso de tu vida laboral (con relación a un puesto en concreto, una tarea, un compañero...).
⊃ ¿Cuáles son tus aficiones?
⊃ ¿Qué haces en tu tiempo libre?
⊃ ¿Qué competencias personales destacas para el desempeño de tu rol laboral?
⊃ ¿Qué experiencia puedes aportar a la empresa?
⊃ ¿Cómo es un trabajo ideal para ti?
⊃ ¿Qué te apasiona?

Preguntas trampas habituales en las entrevistas de trabajo

- ¿Cuánto quieres cobrar?
- ¿Cómo te ves de aquí a 5 años?
- ¿Te ves en esta empresa de aquí a 10 años?
  Háblame de alguna experiencia profesional negativa.
- ¿Qué cambiarías de tu última experiencia profesional?
- ¿Por qué no has trabajado durante los últimos dos años?
- ¿Por qué terminó tu último contrato?
  Defínete en tres palabras.
- ¿Por qué te tengo que contratar a ti y no al resto de candidatos?

4.4. Preparación de posibles respuestas

Es importante utilizar la honestidad, la inteligencia emocional y la reformulación positiva, entendiendo que las cosas no son buenas o malas sino que se puede obtener una parte constructiva de cada experiencia, formación o circunstancia.

Para preparar posibles respuestas, repasando el contenido anterior, es importante tener en cuenta las siguientes cuestiones:

- Anticiparse a las posibles preguntas, para así llevarlas preparadas para el día de la entrevista.
- Ser honestos, sin dar más información de la requerida.
- Anticiparse, especialmente, ante preguntas difíciles o que nos pueden poner nerviosos, como, por ejemplo, ¿por qué terminó tu último trabajo?
- Describir las situaciones con detalle, no con generalidades, describiendo, por ejemplo, funciones, tareas concretas, formas de trabajar, etcétera.
- Ensayar con familiares, amigos o servicios de orientación laboral.
- No criticar antiguos compañeros, empresas o trabajos.
- Describir circunstancias o situaciones en las que también se muestre con detalle nuestro comportamiento, motivación o actitud.

4.5. Aspectos que se valoran positiva y negativamente en una entrevista

Además de los consejos que se han de tener en cuenta para preparar la entrevista, algunos **aspectos que se valoran positivamente** son los siguientes:

- Ser puntual, sin exceso ni defecto. Estar en hora o unos cinco minutos antes de la hora de la entrevista es lo ideal.
- Acudir con una imagen personal adecuada al puesto de trabajo y empresa, cuidando, por supuesto, la higiene.
- Saludar con firmeza, dejándose llevar por la persona entrevistadora.
- Mirar a los ojos de la persona que entrevista, mostrando así seguridad personal.
- Ser natural, a través del movimiento, el lenguaje verbal y el no verbal.
- Utilizar un lenguaje claro, conciso, adaptado al puesto de trabajo y amplio.
- Ser discretos, sin entrar en temas que nos pueden perjudicar en un momento tan importante.
- Ser honestos y sinceros.
- Preguntar algo relevante si nos da la opción en algún momento de la entrevista.
- Cuidar el lenguaje verbal. Por ejemplo: utilizar la expresión "estoy convencido", en vez de la de "creo que, no sé...".
- Agradecer la oportunidad ofrecida.

Por el contrario, **los aspectos que se consideran negativos ante una entrevista de trabajo,** son los siguientes:

- Llegar tarde o excesivamente pronto.
- No cuidar la higiene o la imagen.
- Hablar mal de antiguos compañeros o jefes.
- No contar experiencias de emprendimiento.
- Hablar, de forma excesiva, sobre dinero, sin tener hablar de otras cuestiones, como, por ejemplo, el horario, los beneficios sociales o las posibilidades de promoción.
- Responder de forma agresiva a preguntas que pueden resultar más complejas.
- Comportarse con un gran atrevimiento.
- Contestar utilizando monosílabos, sin argumentar lo suficiente.
- No parar de hablar ni un minuto, sin dejar que el entrevistador formule nuevas preguntas.
- Dar más información de la requerida, entrando en cuestiones personales o íntimas.
- Mostrarse demasiado dubitativo.

4.6. El lenguaje verbal y no verbal. Impacto que tienen en la persona entrevistadora

En torno al **lenguaje verbal,** para tener un impacto positivo en la persona entrevistadora, como ya venimos comentado, es importante utilizar **expresiones que denoten honestidad, sinceridad y seguridad,** como por ejemplo:

- ⮑ Estoy seguro de que...
- ⮑ He aprendido lo suficiente sobre este tema...
- ⮑ No tengo experiencia sobre ese programa, pero puedo aprender, apuntarme a un curso, etc.
- ⮑ Lo haré bien...
- ⮑ Resolveré el problema...
- ⮑ Este es mi puesto, porqué...

Por otro lado, algunas **normas clave de la comunicación verbal** durante la entrevista de trabajo son:

- ⮑ Escuchar al entrevistador, dejar que lleve la entrevista y no interrumpir.
- ⮑ Utilizar un vocabulario amplio y adaptado al puesto de trabajo.
- ⮑ Mantener un tono de voz adecuado.
- ⮑ Evitar la utilización excesiva de monosílabos. Es importante argumentar.
- ⮑ Ser coherentes.
- ⮑ No utilizar muletillas.

Para generar un importante impacto positivo en la persona entrevistada, **en torno al lenguaje no verbal,** habrá que tener en cuenta las siguientes cuestiones:

- ⮑ Dar la mano con firmeza, pero no de forma exagerada.
- ⮑ Colocarse a una distancia prudente de la persona entrevistadora durante el proceso de selección.
- ⮑ No estar en constante movimiento.
- ⮑ Buscar una postura cómoda.
- ⮑ Evitar los movimientos nerviosos.
- ⮑ Utilizar las manos de forma adecuada, no realizando movimientos excesivos.
- ⮑ Escuchar atentamente.
- ⮑ Utilizar la sonrisa como vehículo para crear un ambiente cómodo y agradable.

DEFINICIÓN

Comunicación no verbal
Es aquella comunicación en la que la información y los mensajes son emitidos sin necesidad del lenguaje y va más allá de las palabras, es decir, se trata de señales relacionadas con el contacto visual, los gestos, el movimiento, la sonrisa o el lenguaje corporal.

TAREA 2

Óscar es pedagogo y está terminando un máster de orientación laboral con personas en situación de vulnerabilidad. En este momento, está realizando sus prácticas en una entidad social del tercer sector, concretamente en un programa de orientación laboral con jóvenes procedentes del sistema de protección de menores. Como parte de su formación práctica, su tutora le pide que prepare una sesión de formación para analizar las cuestiones relacionadas con la comunicación no verbal que se han de tener en cuenta para afrontar una entrevista de trabajo. Esta sesión de formación irá dirigida a un grupo de jóvenes que acaban de realizar un curso de capacitación profesional.

Ayuda a Óscar a preparar esta sesión grupal. ¿Qué cuestiones más relevantes, relacionadas con la comunicación no verbal, habría que tener en cuenta?

---

5. Resumen

La búsqueda de empleo debe ser un proceso activo, proceso a través del que la persona demandante de empleo puede utilizar diversas técnicas: la auto-candidatura, espontánea o de respuesta a un anuncio de empleo, los interme-diadores del mercado de trabajo, los portales de empleo y la red de contactos.

Además de las técnicas, será necesario utilizar dos herramientas fundamen-tales: el currículum vitae y la carta de presentación. El currículum debe re-sumir la trayectoria del demandante, especificando conocimientos, habilida-des y actitudes. Incluirá datos personales, formación académica, formación complementaria, experiencia profesional, idiomas, informática, habilidades personales y diversos datos de interés.

Para que el currículum sea más efectivo, se acompañará de una carta de presentación, adaptada a cada oferta de trabajo y empresa. La carta deberá reflejar el perfil profesional, además de los intereses y motivaciones del candidato.

La técnica de selección más utilizada, en los procesos de selección, es la entrevista. Es importante que el candidato se entrene antes de la misma, a través de la preparación de preguntas difíciles, conociendo aquellas más habituales que suelen aparecer en estos procesos.

Ante una entrevista, entre otras cuestiones, hay que cuidar la puntualidad, el mensaje a transmitir y la comunicación no verbal.

Ejercicios de autoevaluación
Unidad de Aprendizaje 2

1. ¿Qué es una agencia de colocación?

a. Una empresa de trabajo temporal.
b. Un servicio público de empleo dependiente de la administración local.
c. Un intermediador del mercado de trabajo.
d. Todas las opciones son incorrectas.

2. ¿Qué técnica de búsqueda activa de empleo es la más efectiva?

a. La autocandidatura
b. La red de contactos
c. Los intermediadores del mercado de trabajo
d. Los portales de empleo

3. Indica si las siguientes oraciones son verdaderas o falsas.

a. El currículum vitae es la principal herramienta utilizada para la búsqueda de empleo.

- Verdadero
- Falso

b. El currículum vitae no debe adaptarse a cada puesto de trabajo.

- Verdadero
- Falso

c. El currículum vitae no debe incluir datos relacionados con las habilidades personales o aficiones.

- Verdadero
- Falso

    d. El currículum por proyectos se estructura en bloques en función de la experiencia profesional.

        ■ Verdadero
        ■ Falso

    e. El currículum europeo está diseñado fundamentalmente para buscar trabajo en la Unión Europea.

        ■ Verdadero
        ■ Falso

4. ¿Qué datos debe incluir un currículum vitae?

    a. Correo electrónico.
    b. Descripción de las funciones de los puestos de trabajo desempeñados.
    c. Nivel de idiomas.
    d. Todas las opciones son correctas.

5. Rellena.

La carta de _____ es el documento que acompaña al _____ con el objetivo de presentarlo y de identificar el _____ que se está solicitando. La carta debe ser breve y _____, demostrando interés y motivación. Existen principalmente dos tipos de cartas de presentación: para responder a una oferta de empleo y para utilizar la _____. La primera parte de toda carta de presentación se conoce como _____.

Normativa básica laboral

Contenido

1. Introducción
2. Conocimientos básicos de derecho laboral
3. Resumen

Objetivos

El objetivo general de esta Unidad de Aprendizaje es:

→ Reconocer los aspectos legales básicos de la relación laboral, identificando los derechos y obligaciones de las personas trabajadoras.

Los objetivos específicos de esta Unidad de Aprendizaje son:

→ Identificar los elementos más importantes del contrato de trabajo.

→ Analizar los conceptos de salario y nómina.

→ Conocer en qué consiste el proceso de afiliación y cotización a la seguridad social.

→ Reflexionar sobre el proceso de negociación colectiva y de representación de los trabajadores.

1. Introducción

Desde que estamos en época de democracia, la ley suprema española es la Constitución. Con su confección se pretendió establecer una legislación básica que permitiera **proteger los derechos fundamentales de los ciudadanos,** entre ellos el derecho al trabajo.

El trabajo genera una relación entre la persona que lo desempeña y aquella para la cual lo lleva a cabo, es decir, entre el trabajador y el empresario. Es el **contrato de trabajo** la fuente de la relación laboral, donde se recoge el acuerdo entre el empresario y el trabajador, comprometiéndose este a realizar una actividad o a prestar determinados servicios bajo la dirección y supervisión del empresario, recibiendo a cambio una remuneración.

Mediante este contrato de trabajo, se fijan las características de la relación laboral, entre las que se encuentran: la jornada de trabajo, duración, funciones a despeñar o el salario a recibir; siendo el salario el elemento principal del contrato, ya que es el motivo por el que el trabajador va a realizar la actividad.

Las relaciones laborales que se establecen entre trabajadores y empresarios se regulan por medio de la **negociación colectiva** entre los representantes de ambas partes, que debe tender a establecer convenios que regulen las condiciones de trabajo.

2. Conocimientos básicos de derecho laboral

El Derecho del Trabajo o Derecho Laboral (también denominado Derecho Social) es una rama del Derecho que contiene los principios y normas jurídicas fundamentales para **tutelar el trabajo productivo, libre y por cuenta ajena.**

 **DEFINICIÓN**

El Derecho del trabajo
Es el conjunto de normas jurídicas y principios elaborados con objeto de regular todo tipo de relación existente entre los empleados, empleadores, asociaciones sindicales y el Estado.

La normativa laboral es **muy diversa y amplia,** por lo que su análisis se centra en las normas fundamentales para el desarrollo de la relación laboral, siendo la regulación básica:

- ⮑ La Constitución Española.
- ⮑ El Estatuto de los Trabajadores.
- ⮑ El Estatuto del Trabajo Autónomo.
- ⮑ La Ley General de la Seguridad Social.
- ⮑ La Ley reguladora de Jurisdicción Social.
- ⮑ La Ley de Prevención de Riesgos Laborales.

2.1. Contrato de trabajo: concepto, tipos, duración y periodo de prueba

Como todo contrato, se trata de un **acuerdo en el que las partes firmantes concretan sus derechos y sus obligaciones** sobre una determinada materia o hecho.

 **DEFINICIÓN**

El contrato de trabajo

Es el acuerdo entre dos personas, por el que una de ellas, el trabajador, se compromete a prestar determinados servicios bajo la dirección de otra, el empresario, recibiendo a cambio una remuneración garantizada, esto es, ajena a los riesgos de la empresa.

En el contrato de trabajo se fijan las características de la prestación: actividad laboral que debe desarrollarse, jornada, horario, salario, duración de la relación laboral... **Podrá celebrarse por escrito o de palabra.**

Tipos de contrato de trabajo

El **Real Decreto-ley 32/2021, de 28 de diciembre,** de medidas urgentes para la reforma laboral, redujo las diferentes tipologías de contratación, tras el cambio del 30 de marzo de 2022.

Con este cambio legislativo, además de modificar las tipologías de contratación, se generalizó el contrato indefinido y se eliminó el contrato por obra o servicio determinado.

A continuación se analizarán detenidamente cada uno de estos contratos.

Contratos indefinidos

Tras la nueva reforma laboral, el contrato de trabajo en España, como norma general, se considera indefinido. Es aquel contrato que se acuerda sin establecer ningún límite temporal en la prestación de servicios, siendo su duración indefinida.

Este tipo de contrato de trabajo se podrá realizar a jornada completa, a jornada parcial o para prestación de servicios fijos discontinuos (el llamado contrato indefinido fijo discontinuo).

Contratos temporales

Es aquel contrato donde se acuerda o establece una relación laboral por un tiempo determinado. Es necesario justificar la causa de temporalidad del contrato, especificando de forma clara, las circunstancias concretas de la contratación y la duración prevista. Este tipo de contrato también se podrá realizar a jornada completa o jornada parcial. Los tipos de contratos temporales son:

- Circunstancias de la producción.
- Sustitución de una persona trabajadora.
- Cobertura temporal durante un proceso de selección o promoción.

Contratos de formación en alternancia

Es un contrato cuyo objetivo es compatibilizar una actividad laboral retribuida con una formación. Esta formación podrá ser: formación profesional, estudios universitarios o formación del catálogo del Sistema Nacional de Empleo.

Las principales características, a nivel general, de este tipo de contratos son:

- El contrato se celebrará con personas entre 16 y 30 años, en el caso de certificados profesionales de nivel 1 y 2. En el caso de estudios universitarios, de grados de formación profesional o certificados profesionales de nivel 3, no existirá un límite de edad. En el caso de contratos celebrados con personas con discapacidad o con personas pertenecientes a colectivos en situación de exclusión social, tampoco existirá un límite de edad.

⊃ La actividad laboral estará vinculada con la formación.

⊃ La duración del contrato será de un mínimo de 3 meses y un máximo de 2 años.

⊃ El tiempo de trabajo efectivo en la empresa no podrá ser superior al 65 % el primer año del contrato o al 85 % el segundo año.

⊃ El salario no podrá ser inferior al 65 % de lo marcado por el convenio colectivo, durante el primer año, ni al 85 % durante el segundo año. No obstante, el salario nunca podrá estar debajo de lo marcado en el salario mínimo interprofesional (SMI).

⊃ Este contrato no contará con periodo de prueba.

Contratos formativos para la obtención de la práctica profesional

Son los contratos que sustituyen a los antiguos contratos en prácticas. La persona que firme el contrato deberá contar con un título universitario o con un título de grado medio de formación profesional, grado superior, máster profesional o certificado del sistema de formación profesional.

Para poder tener un contrato de este tipo, no deben haber pasado 3 años desde la finalización de los estudios, salvo en el caso de las personas con discapacidad, ampliándose el plazo hasta 5 años.

Este tipo de contrato no podrá ser inferior a 6 meses ni superior a 1 año. Se podrá establecer un periodo de prueba mínimo, no excediendo el mes de duración.

La duración del contrato de trabajo y el periodo de prueba

Con la finalidad de alcanzar la mayor adaptación entre las **necesidades de una empresa y sus trabajadores,** existen diferentes modalidades contractuales, de las que podemos establecer las siguientes clasificaciones:

Según la duración del contrato	Según la jornada
- Indefinido o fijo (no existe fecha de finalización de la relación laboral. - Duración determinada o temporal (existe fecha de finalización de la relación laboral).	- A tiempo completo (se trabajan las horas habituales en la actividad que se trate). - A tiempo parcial (el número de horas trabajadas es inferior al de la jornada a tiempo completo).

DEFINICIÓN

El periodo de prueba

Es el periodo de tiempo durante el cual cualquiera de las partes (trabajador o empresario) puede dar por terminada la relación laboral, sin necesidad de preaviso ni derecho a indemnización.

Podrá concertarse por escrito un periodo de prueba, con sujeción a los límites de duración que, en su caso, se establezcan en los convenios colectivos.

Con carácter general y si el convenio colectivo no dice otra cosa, la **duración del periodo de prueba** será la siguiente:

> **Para técnicos titulados**
> El periodo de prueba no puede exceder de 6 meses.

> **Para los demás trabajadores**
> El periodo de prueba no puede exceder de 2 meses.

> **En las empresas de menos de 25 trabajadores**
> El periodo de prueba no puede exceder de 3 meses para trabajadores que no sean técnicos titulados.

> **En los contratos temporales de duración determinada por tiempo no superior a 6 meses.**
> El periodo de prueba no podrá exceder de un mes.

ACTIVIDAD COMPLEMENTARIA

2. El periodo de prueba es un tiempo que permite, tanto a empresas como a trabajadores, evaluar si la relación laboral es adecuada y satisfactoria para ambas partes. Desde la nueva reforma laboral, con la generalización del contrato indefinido, ha aumentado considerablemente la finalización de contratados por no superación del periodo de prueba. Busca en la red alguna noticia sobre esta cuestión. ¿Qué opinas sobre esta nueva realidad?

2.2. Salario y nómina

Según el Estatuto de los Trabajadores, se considerará **salario** la totalidad de las percepciones económicas de los trabajadores, en dinero o en especie, por la prestación profesional de los servicios laborales por cuenta ajena, ya retribuyan el trabajo efectivo, cualquiera que sea la forma de remuneración, o los periodos de descanso computables como de trabajo.

 **IMPORTANTE**

El concepto legal de salario es amplio, ya que se entienden dentro del concepto salarial, todas las percepciones económicas que reciben los trabajadores.

El salario sirve para remunerar las siguientes situaciones:

- **El trabajo efectivo,** es decir, las tareas realizadas durante la jornada fijada en el contrato o en el convenio colectivo.
- **Los periodos de descanso computables como de trabajo,** los cuales son:

  - El descanso semanal y días festivos.
  - Las vacaciones anuales.
  - El descanso, no inferior a 15 min, en jornada que excede de 6 h diarias, si así está establecido mediante acuerdo (contrato o convenio colectivo).
  - Las ausencias justificadas al trabajo con derecho a retribución (permisos retribuidos).
  - Las interrupciones del trabajo que sean imputables al empresario por falta de trabajo, o tiempo de tramitación en despidos declarados nulos improcedentes.

Por su parte, la estructura salarial está formada por:

> El salario base del grupo o salario de contratación como retribución fijada por unidad de tiempo o de obra.

> Los complementos salariales, son los que completan al salario base y retribuyen circunstancias o cualidades del trabajador, condiciones y circunstancias específicas en las que se desarrolla el trabajo o condiciones propias de la empresa.

El recibo individual de salarios, más conocido por **nómina,** es el **documento que mensualmente deben entregar las empresas a cada uno de sus trabajadores.** En el recibo de salarios se debe reflejar la liquidación de las diferentes partidas salariales y deducciones por Seguridad Social e IRPF.

El modelo oficial del recibo de salarios es el que aparece a continuación.

RECIBO INDIVIDUAL JUSTIFICATIVO DEL PAGO DE SALARIOS

Empresa:
Domicilio:
CIF:
CCC:

Trabajador:
NIF:
Núm. Afil. Seguridad Social:
Grupo profesional:
Grupo de Cotización:

Periodo de liquidación: del .... de .... al .... de ....de 20..... Total días [ ]

I. DEVENGOS	IMPORTE	TOTALES
1. Percepciones salariales		
Salario base	_____	
Complementos salariales	_____	
	_____	
	_____	
	_____	
Horas extraordinarias........................	_____	
Horas complementarias (contratos a tiempo parcial).......................	_____	
Gratificaciones extraordinarias........................	_____	
Salario en especie........................	_____	
2. Percepciones no salariales		
Indemnizaciones o suplidos		
	_____	
Prestaciones e indemnizaciones de la Seguridad Social	_____	
	_____	
Indemnizaciones por traslados, suspensiones o despidos	_____	
	_____	
Otras percepciones no salariales		
A. TOTAL DEVENGADO.............		_____

I. DEDUCCIONES	%		
1. Aportación del trabajador a las cotizaciones a la Seguridad Social y conceptos de recaudación conjunta			
Contingencias comunes		_____	
Desempleo........................		_____	
Formación Profesional........................		_____	
Horas extraordinarias........................		_____	
TOTAL APORTACIONES........................		_____	
2. Impuesto sobre la renta de las personas físicas............		_____	_____
3. Anticipos........................		_____	_____
4. Valor de los productos recibidos en especie		_____	_____
5. Otras deducciones........................		_____	_____
B. TOTAL A DEDUCIR.............		_____	_____
LÍQUIDO TOTAL A PERCIBIR (A – B).............		_____	_____

.... de .... de 20.....

Firma y sello de la empresa

RECIBÍ

DETERMINACIÓN DE LAS BASES DE COTIZACIÓN A LA SEGURIDAD SOCIAL Y CONCEPTOS DE RECAUDACIÓN CONJUNTA Y DE LA BASE SUJETA A RETENCIÓN DEL IRPF Y APORTACIÓN DE LA EMPRESA

CONCEPTO	BASE	TIPO	APORTACIÓN EMPRESA
1. Contingencias comunes			
Importe remuneración mensual.....................	_____		
Importe prorrata pagas extraordinarias..................	_____		
TOTAL.....................	_____		_____
AT y EP.....................			_____
2. Contingencias profesionales y conceptos de recaudación conjunta	Desempleo.....................	_____	_____
	Formación Profesional.......	_____	_____
	Fondo Garantía Salarial....		_____
3. Cotización adicional horas extraordinarias........	_____		_____
4. Base sujeta a retención del IRPF.....................	_____		

Modelo oficial del recibo de salarios

Como se puede comprobar el recibo salarial o nómina está compuesto de tres partes:

⮑ **Encabezamiento:** en el encabezamiento o cabecera de la nómina o recibo de salarios deben aparecer los datos identificativos de la empresa y del trabajador, tales como nombre o razón social de la empresa, domicilio, NIF/CIF de esta y su cuenta de cotización, y nombre y apellidos del trabajador, su número de afiliación a la Seguridad Social, DNI y su grupo de cotización. Además, se hace referencia al periodo de liquidación.

⮑ **Parte central o cuerpo:** la parte central del recibo de salarios se divide en dos apartados:

    ⟿ **Devengos:** suma total de las cantidades que percibe el trabajador por distintos conceptos. Entre estos, es necesario distinguir las denominadas percepciones salariales, que retribuyen el trabajo efectivo del trabajador de aquellas otras, denominadas percepciones no salariales o extrasalariales, que se abonan al trabajador si se producen determinadas circunstancias, pero sin que guarden una relación directa con el trabajo efectivo realizado.

    ⟿ **Deducciones:** son las cantidades que se le retienen al trabajador. El empresario tiene la obligación de deducir de la nómina tanto la cuota de la Seguridad Social del trabajador como la retención por IRPF.

⮑ **Parte final:** en la última parte del recibo de salarios o de la nómina, se determinan las bases de cotización a la Seguridad Social y la base sujeta a retención del IRPF.

2.3. Modificación, suspensión y extinción del contrato

Una vez iniciada la relación laboral entre empresario y trabajador, el Estatuto de los Trabajadores contempla **supuestos distintos que pueden modificar lo estipulado en el contrato de trabajo:**

Modificaciones de las condiciones de trabajo	Suspensión del contrato laboral	Extinción de la relación laboral

IMPORTANTE

La extinción del contrato laboral es definitiva, por el contrario, la suspensión es temporal.

Modificación de las condiciones de trabajo

Durante la vigencia del contrato pueden ocurrir determinadas circunstancias que **modifiquen o alteren las condiciones inicialmente acordadas por el trabajador.** Normalmente, es el empresario el que, unilateralmente, procede a la modificación del contrato de trabajo. Dichas modificaciones pueden ser de 3 tipos:

- **Movilidad funcional:** hace referencia a la facultad del empresario para introducir cambios en las funciones del trabajador. Esta movilidad se efectuará de acuerdo a las titulaciones académicas o profesionales precisas para ejercer la prestación laboral y con respeto a la dignidad del trabajador.
- **Movilidad geográfica:** hace referencia al cambio del lugar geográfico en el que habitualmente presta sus servicios el trabajador, y que, con frecuencia, le obliga a cambiar de residencia. El empresario por la existencia de razones económicas, técnicas, organizativas o de producción, podrá requerir a sus trabajadores un desplazamiento temporal o un traslado a un centro de trabajo distinto de la misma empresa, exigiéndose un cambio en su residencia habitual.

  Dentro de la movilidad geográfica se puede distinguir entre:

  - **Traslado:** supone el destino del trabajador con carácter permanente a otro centro de trabajo para seguir prestando sus servicios.
  - **Desplazamiento:** supone el destino del trabajador con carácter temporal a otro centro de trabajo distinto para prestar sus servicios.

- **Movilidad sustancial de condiciones de trabajo:** hace referencia a la alteración de las condiciones laborales que afectan al trabajador. Las condiciones de trabajo que suelen ser modificadas con frecuencia son la jornada de trabajo, el horario y distribución del tiempo de trabajo, el sistema de remuneración, los turnos de trabajo y el sistema de trabajo.

Suspensión del contrato laboral

La **suspensión del contrato de trabajo** es una situación en la que, de forma temporal, **el trabajador no tiene la obligación de trabajar ni el empresario de abonarle su salario, permaneciendo en vigor la relación laboral.** Para ello, es necesaria una causa que justifique la interrupción temporal de los efectos del contrato. En concreto, el contrato de trabajo podrá suspenderse por las siguientes causas:

- Mutuo acuerdo de las partes.
- Las consignadas válidamente en el contrato.
- Incapacidad temporal de los trabajadores.
- Maternidad, paternidad, adopción, guarda con fines de adopción o acogimiento.
- Riesgo durante el embarazo y riesgo durante la lactancia natural de un menor de nueve meses.
- Ejercicio de cargo público representativo.
- Privación de libertad del trabajador, mientras no exista sentencia condenatoria.
- Suspensión de empleo y sueldo, por razones disciplinarias.
- Fuerza mayor temporal.
- Causas económicas, técnicas, organizativas o de producción.
- Excedencia forzosa.
- Ejercicio del derecho de huelga.
- Cierre legal de la empresa.
- Decisión de la trabajadora que se vea obligada a abandonar su puesto de trabajo como consecuencia de ser víctima de violencia de género.

Extinción de la relación laboral

La extinción del contrato supone la **terminación definitiva del mismo,** de manera que el trabajador deja de estar obligado a prestar servicios y el empresario a remunerarlo. La relación laboral se puede extinguir por causas muy diferentes, que se pueden clasificar en 3 grandes grupos:

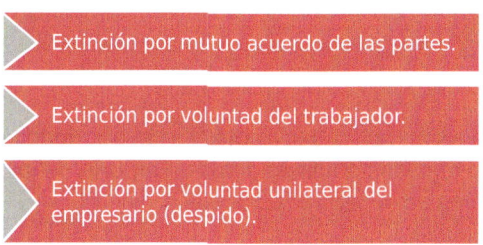

Extinción por mutuo acuerdo de las partes.

Extinción por voluntad del trabajador.

Extinción por voluntad unilateral del empresario (despido).

2.4. Afiliación y cotización a la seguridad social

La afiliación a la Seguridad Social es un acto administrativo, por el que la Tesorería General de la Seguridad Social reconoce la condición de incluir en el sistema de Seguridad Social a las personas físicas, que **por primera vez realizan una actividad determinante** y que soliciten su inclusión en el ámbito de aplicación del mismo.

La afiliación es **obligatoria para todos los españoles que residan en España, y los extranjeros que residan o se encuentren legalmente en España,** cualquiera que sea su sexo, estado civil o profesión, siempre que, en ambos supuestos, ejerzan su actividad en territorio nacional, y que estén incluidos en alguno de los siguientes supuestos:

- Trabajadores por cuenta ajena.
- Trabajadores por cuenta propia, o autónomos.
- Socios trabajadores de cooperativas de trabajo asociado.
- Estudiantes.
- Funcionarios públicos, civiles o militares.

En concreto es necesario inscribir o afiliar en la seguridad social **tanto a los trabajadores como a las empresas.**

Inscripción de empresas	Afiliación de los trabajadores
- Requisito previo e indispensable para el inicio de su actividad. - La Tesorería General de la Seguridad Social asigna a las empresas y EMPLEADORES un Código de Cuenta de Cotización (CCC), cuando se inscriben y por el que las identifica en el pago de las cuotas. - Obligación de solicitar la inscripción de la empresa en el régimen de la Seguridad Social correspondiente.	- La inscripción de los trabajadores en la Seguridad Social se produce a través de la afiliación, y los empresarios están obligados a inscribir en el sistema de la Seguridad Social a todos los trabajadores que contraten. - La Tesorería General de la Seguridad Social asignará un número a cada ciudadano para la identificación de cada sujeto en sus relaciones con la misma.

Por su parte, están obligados a cotizar a la Seguridad Social todas las personas físicas o jurídicas comprendidas en alguno de los regímenes que integran el sistema de la Seguridad Social.

IMPORTANTE

La cotización a la Seguridad Social, se integra por las cuotas que se satisfacen por los empresarios y por los trabajadores y aparece como el principal recurso para la financiación del sistema de Seguridad Social español.

La obligación de cotizar **nace desde el comienzo de la prestación de servicios por cuenta ajena del trabajador,** incluido el periodo de prueba, y no se interrumpe mientras que el trabajador esté en alta.

2.5. Representación laboral y la negociación colectiva

Los trabajadores tienen derecho a participar en la empresa a través de los **órganos de representación,** que podrá ser a través de una representación unitaria, así como una representación sindical.

La representación unitaria de una empresa se lleva a cabo a través de dos figuras:

Delegados de personal	Comité de empresa
- Están considerados como órganos individuales que ejercen de común acuerdo ante el empresario, la representación para la que fueron elegidos. - Estos delegados solo podrán ser elegidos en aquellas empresas o centros de trabajo que cuenten con un número de trabajadores comprendido entre 10 y 50. Excepcionalmente, las empresas o centros que posean entre 6 y 10 trabajadores, podrán contar con un delegado de personal si la decisión ha sido adoptada entre los trabajadores por mayoría.	- Están considerados como órganos de representación colegiados, cuyas actuaciones van encaminadas a defender los intereses de los trabajadores en la empresa o centro de trabajo. - Estos se crean en aquellas empresas cuyo número de trabajadores sea superior a 50.

El número de delegados variará en función del número de trabajadores:

- Hasta 30 trabajadores: 1 delegado.
- De 31 a 49 trabajadores: 3 delegados.

Por su parte, el número de miembros que puede tener el **Comité de empresa** va en proporción al número de trabajadores que posea, tal como se muestra en la siguiente escala:

N° DE TRABAJADORES	N° DE MIEMBROS
De 50 a 100	5
De 101 a 250	9
De 251 a 500	13
De 501 a 750	17
De 751 a 1.000	21
Más de 1.000	2 por cada 1.000 trabajadores o fracción, con el límite de 75.

Mediante la **negociación colectiva** se realiza el proceso de diálogo entre los representantes de los trabajadores y los empresarios, con la finalidad de elaborar un convenio colectivo donde se recojan los derechos y deberes de la relación laboral.

El **convenio colectivo** se define como un acto o acuerdo libremente adoptado entre los representantes de los trabajadores y el empresario, por medio del cual se van a regular las condiciones de trabajo y de productividad.

 SABÍAS QUE...

El artículo 37 de la Constitución Española establece lo siguiente:

La Ley garantizará el derecho a la negociación colectiva laboral entre los representantes de los trabajadores y empresarios, así como la fuerza vinculante de los convenios.

Los convenios colectivos obligan a todos los empresarios y trabajadores incluidos dentro de su ámbito de aplicación y durante todo el tiempo de su vigencia.

 TAREA 3

Rosa es recién graduada en derecho y se ha especializado en procesos de asesoría laboral, orientación para el empleo y recursos humanos. Ha iniciado su carrera profesional en una gestoría laboral. Entre otras tareas, acaba de recibir dos consultas relacionadas con los comités de empresa:

- Primera consulta: una empresa de 32 trabajadores pregunta cuántos miembros como máximo debe tener su comité de empresa.
- Segunda consulta: una empresa de 800 trabajadores quiere saber con exactitud el número de miembros que debe tener su comité de empresa.

Ayuda a Rosa a dar respuesta a ambas consultas.

2.6. Derechos y deberes que derivan de las relaciones laboral

El Estatuto de los Trabajadores es la norma laboral más importante y donde se establecen los derechos y las obligaciones de los trabajadores.

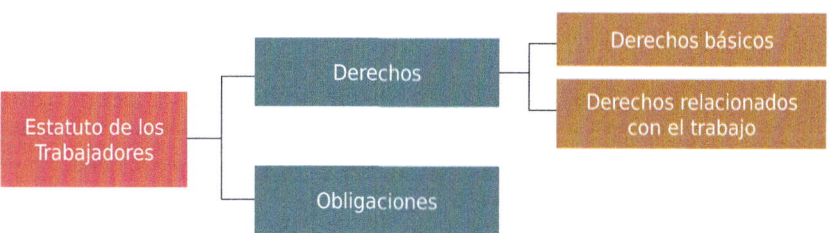

Obligaciones

Los trabajadores tienen como deberes básicos:

⮱ Cumplir con las obligaciones concretas de su puesto de trabajo, de conformidad con las reglas de la buena fe y diligencia.

- Observar las medidas de prevención de riesgos laborales que se adopten.
- Cumplir las órdenes e instrucciones del empresario en el ejercicio regular de sus facultades directivas.
- No concurrir con la actividad de la empresa, en los términos fijados en esta ley.
- Contribuir a la mejora de la productividad.
- Cuantos se deriven, en su caso, de los respectivos contratos de trabajo.

Derechos básicos

Los trabajadores tienen como derechos básicos los siguientes:

- Trabajo y libre elección de profesión u oficio.
- Libre sindicación.
- Negociación colectiva.
- Adopción de medidas de conflicto colectivo.
- Huelga.
- Reunión.
- Información, consulta y participación en la empresa.

Derechos relacionados con el trabajo

En la relación de trabajo, los trabajadores tienen derecho:

- A la ocupación efectiva.
- A la promoción y formación profesional en el trabajo, incluida la dirigida a su adaptación a las modificaciones operadas en el puesto de trabajo, así como al desarrollo de planes y acciones formativas tendentes a favorecer su mayor empleabilidad.
- A no ser discriminados directa o indirectamente para el empleo, o una vez empleados, por razones de sexo, estado civil, edad dentro de los límites marcados por esta ley, origen racial o étnico, condición social, religión o convicciones, ideas políticas, orientación sexual, afiliación o no a un sindicato, así como por razón de lengua, dentro del Estado español.
- Tampoco podrán ser discriminados por razón de discapacidad, siempre que se hallasen en condiciones de aptitud para desempeñar el trabajo o empleo de que se trate.
- A su integridad física y a una adecuada política de prevención de riesgos laborales.
- Al respeto de su intimidad y a la consideración debida a su dignidad, comprendida la protección frente al acoso por razón de origen racial o étnico, religión o convicciones, discapacidad, edad u orientación sexual, y frente al acoso sexual y al acoso por razón de sexo.

⮑ A la percepción puntual de la remuneración pactada o legalmente establecida.

⮑ Al ejercicio individual de las acciones derivadas de su contrato de trabajo.

⮑ A cuantos otros se deriven específicamente del contrato de trabajo.

3. Resumen

El Derecho del Trabajo es una rama del Derecho que tiene la finalidad de regular la relación laboral entre trabajadores y empresarios y proteger los derechos fundamentales de ambos colectivos.

A lo largo de los años las relaciones laborales entre empleados y empresas han ido modificándose para proteger a los trabajadores de posibles situaciones de abuso de poder por parte de las empresas. Gracias a la acción protectora de la Seguridad Social y a la legislación actual, trabajadores y empresas gozan de una serie de derechos, durante la relación laboral e incluso en momentos posteriores, cuando ya se ha puesto fin a la misma.

Para formalizar los derechos y deberes de empresa y trabajador existe el contrato de trabajo, que debe cumplir una serie de requisitos formales e incluir determinadas cláusulas para garantizar la legalidad de la prestación de servicios por parte del trabajador. Actualmente existen cuatro modalidades de contratos:

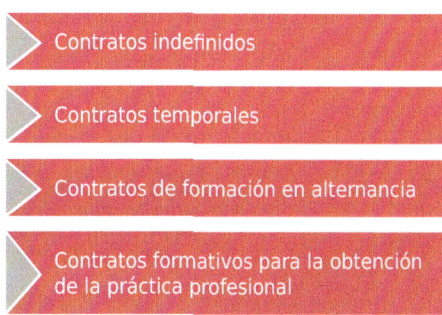

Contratos indefinidos

Contratos temporales

Contratos de formación en alternancia

Contratos formativos para la obtención de la práctica profesional

Es el Estatuto de los Trabajadores, la norma más relevante a nivel nacional que regula los distintos tipos de contratos y sus características fundamentales. Además, también incluye todo aquello que puede alterar las condiciones de trabajo y modificar lo estipulado en el contrato de trabajo:

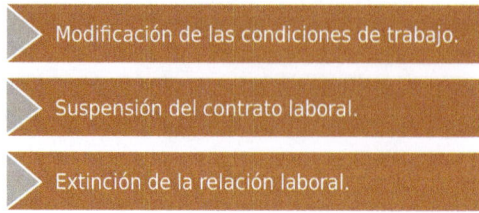

Si se trata de la primera vez que se contrata al trabajador, la empresa deberá solicitar su afiliación a la Seguridad Social para obtener su número de la Seguridad Social. Una vez solicitada la afiliación del trabajador, la empresa deberá comunicar a la Seguridad Social que el empleando está prestando sus servicios activamente a la empresa cumplimentando una solicitud de alta e indicando la fecha de inicio de la relación laboral.

A través de la negociación colectiva, los representantes de los trabajadores y los empresarios elaboran el convenio colectivo que será de aplicación en la empresa o sector laboral.

Ejercicios de autoevaluación
Unidad de Aprendizaje 3

1. ¿Cómo puede celebrarse el contrato de trabajo?

    a. Por escrito.
    b. De palabra.
    c. Siempre por escrito.
    d. Las opciones a y b son correctas.

2. ¿Cuál es la duración máxima de un contrato de formación en alternancia?

    a. Un año
    b. Dos años
    c. Dos años con una prórroga de un año más
    d. Seis meses

3. Indica si las siguientes oraciones son verdaderas o falsas.

    a. El contrato indefinido se podrá realizar a jornada completa, a jornada parcial o para prestación de servicios fijos discontinuos.

        ■ Verdadero
        ■ Falso

    b. El contrato temporal puede ser por obra y servicio o por circunstancias de la producción.

        ■ Verdadero
        ■ Falso

    c. Los contratos de formación en alternancia se podrán celebrar con personas entre 16 y 25 años.

        ■ Verdadero
        ■ Falso

d. Con el contrato de formación en alternancia, la duración del contrato será de un mínimo de 3 meses y un máximo de 2 años.

- ■ Verdadero
- ■ Falso

e. Los contratos formativos para la obtención de la práctica profesional no podrán ser inferiores a 12 meses.

- ■ Verdadero
- ■ Falso

4. ¿Qué periodo de prueba máximo se puede establecer en el caso de un contrato para personal técnico titulado?

a. 3 meses
b. 1 mes
c. 6 meses
d. 12 meses

5. ¿Cuántos miembros puede tener el comité de empresa de una organización con 210 trabajadores?

a. 8
b. 9
c. 10
d. 12

Glosario

Autocandidatura
Método utilizado para buscar empleo que consiste en dirigirse a una empresa y entregar el currículum vítae sin que se haya publicado una oferta de trabajo. Se trata de trasmitir interés por trabajar en esa empresa e interesarse por los posibles puestos de trabajo que puedan surgir.

Carta de presentación
Documento que se utiliza para describirse a uno mismo destacando los aspectos más apropiados en función al puesto de trabajo ofertado explicando por qué es la persona idónea para cubrir dicho puesto.

Competencias profesionales
Conjunto de conocimientos, habilidades, aptitudes, actitudes y motivaciones requeridos para desempeñar una actividad profesional.

Contrato de trabajo
Acuerdo entre dos personas, por el que una de ellas, el trabajador, se compromete a prestar determinados servicios bajo la dirección de otra, el empresario, recibiendo a cambio una remuneración garantizada, esto es, ajena a los riesgos de la empresa.

Cualificación profesional
Conjunto de competencias profesionales con significación para el empleo que pueden ser adquiridas mediante formación modular, otros tipos de formación y a través de la experiencia laboral.

Currículum
Documento donde una persona resume sus habilidades, conocimientos y experiencias profesionales.

Derecho del trabajo

Conjunto de normas jurídicas y principios elaborado con objeto de regular todo tipo de relación existente entre los empleados, empleadores, asociaciones sindicales y el Estado.

Entrevista de trabajo

Comunicación de carácter verbal entre dos o más personas con el propósito de intercambiar información, ideas u opiniones y con un carácter estrictamente profesional

Globalización

Proceso económico, tecnológico, político y cultural que consiste en la comunicación e interrelación de los diferentes países del mundo.

Mercado de trabajo

Lugar donde se relacionan las personas que buscan trabajo remunerado por cuenta ajena y las empresas o empleadores que ofrecen un trabajo.

Nuevos yacimientos de empleo

Nuevas actividades laborales que surgen para satisfacer las necesidades de la sociedad y de los cambios tecnológicos.

Perfil profesional

Conjunto de competencias y capacidades que tiene una persona para poder desempeñar las funciones y tareas de un puesto de trabajo.

Periodo de prueba

Tiempo durante el cual cualquiera de las partes (trabajador o empresario) puede dar por terminada la relación laboral, sin necesidad de preaviso ni derecho a indemnización.

Población activa

Personas en edad de trabajar que tienen ocupación o están disponibles y realizan gestiones para incorporarse al mercado laboral.

Población inactiva

Personas que no trabajan por no estar en edad de trabajar o que estando en edad de trabajar; no trabajan, no han trabajado y no buscan ocupación o no están disponibles para trabajar.

Población ocupada

Personas en edad de trabajar que están trabajando por cuenta propia o ajena.

Políticas activas de empleo

Son aquellas decisiones e intervenciones, por parte de las diferentes administraciones públicas, para facilitar la inserción sociolaboral de las personas demandantes de empleo.

Salario

Totalidad de las percepciones económicas de los trabajadores, en dinero o en especie, por la prestación profesional de los servicios laborales por cuenta ajena, ya retribuyan el trabajo efectivo, cualquiera que sea la forma de remuneración, o los periodos de descanso computables como de trabajo.

Bibliografía

Monografías

→ CALVO, M.: *Empleo, orientación laboral y prevención de riesgos laborales.* Sevilla: Editorial MAD, 2010.

→ DÍAZ, M. A.: *Algunos comentarios sobre el proyecto de ley de empleo.* Madrid: FEDEA, 2022.

→ GONZÁLEZ Calderón, T.: *Orientación laboral y promoción de la calidad en la Formación Profesional para el Empleo.* Antequera: IC Editorial, 2024.

→ IBÁÑEZ Martínez, F.: *Inserción Sociolaboral.* Madrid: Síntesis, 2017.

→ JIMÉNEZ García, A.: *Gestión auxiliar de personal.* Antequera: IC Editorial, 2024.

→ MORENO García, V.: *La selección de personal en la organización. Fases del proceso y técnicas efectivas.* Antequera: IC Editorial, 2009.

→ OLLEROS, M.: *El proceso de captación y selección de personal.* Barcelona: Editorial Gestión, 2007.

Textos electrónicos, bases de datos y programas informáticos

→ Agencia Estatal Boletín Oficial del Estado: legislación consolidada, de: <https://boe.es/>.

→ Servicio Público de Empleo Estatal, de: <http://www.sepe.es>.

→ Seguridad social, de: <http://www.seg-social.es >.

→ Fundación estatal para la formación en el empleo, de: <https://www.fundae.es/>.

→ Ministerio de Trabajo y Economía Social, de: <https://www.mites.gob.es/>.

Legislación y normativa

→ Constitución Española de 1978.

→ Ley 3/2023, de 28 de febrero, de Empleo.

→ Real Decreto Legislativo 2/2015, de 23 de octubre, por el que se aprueba el texto refundido de la Ley del Estatuto de los Trabajadores.

→ Real Decreto 1529/2012, de 8 de noviembre, por el que se desarrolla el contrato para la formación y el aprendizaje y se establecen las bases de la formación profesional dual.

→ Real Decreto-ley 32/2021, de 28 de diciembre, de medidas urgentes para la reforma laboral, la garantía de la estabilidad en el empleo y la transformación del mercado de trabajo.